Élisabeth GUIFFRAY-SERVE

Spirale de vie Spirale d'amour

Éditions Baudelaire

envois de manuscrits :
Éditions Baudelaire – 11, cours Vitton – 69452 Lyon Cedex 06

Élisa

INTRODUCTION
par le père AMET

Introduction

Je connais Élisabeth GUIFFRAY-SERVE et sa famille depuis 1999. Prêtre catholique, jésuite, domicilié à Lyon, j'ai été amené, par mon ministère, à rencontrer Marthe, la maman d'Élisabeth ; elle m'a présenté sa fille et je suis devenu ami de cette famille très unie, composée du père, de la mère, et de leurs deux filles, Anne-Marie et Élisabeth. Élisabeth, qui a 46 ans, est depuis sa naissance, « infirme moteur cérébral » (IMC). Pour décrire ce handicap je reprends les termes d'une présentation que j'avais rédigée en tête d'un petit livre d'entretien[1] entre Élisabeth et moi, que sa famille a publié en 2007 : « Enfin, je communique ! ».

> Élisabeth ne parle pas, elle est incapable de lire, elle ne peut se tenir debout, ni marcher, ni faire usage de ses mains ; elle est toute la journée sur un fauteuil roulant, entièrement dépendante.
> Son handicap est physique, mais il n'est pas mental. Élisabeth pense, réfléchit, observe, écoute, médite, prie. Sa sensibilité est vive, son imagination débordante, sa mémoire sans faille. Jusqu'en

1. Réalisé par l'atelier AME à Lyon ; dépôt chez Anne-Marie GUIFFRAY-SERVE amgs@laposte.net

> l'an 2000, elle ne pouvait communiquer que par des cris, quelques gestes et le regard. Mais depuis la découverte d'une méthode de communication pour les handicapés moteurs, la « communication facilitée », Élisabeth, aidée par sa sœur Anne-Marie et sa maman Marthe, l'utilise sans cesse et peut enfin communiquer avec son entourage. Sa vie, jusque-là murée dans le silence, est transformée. Celle de sa famille aussi, qui découvre, médusée, la profondeur de sa pensée, la richesse de son vocabulaire, l'étendue de ses réactions, la sagesse de ses réflexions.

Galvanisée par cette interview, Élisabeth, qui a choisi le diminutif Élisa, a souhaité entreprendre, toujours avec l'aide de sa sœur Anne-Marie, un second volume d'entretiens, plus étoffé, plus ouvert, plus avancé dans la recherche d'un véritable dialogue : elle répondrait ainsi aux questions de plusieurs personnes différentes de par leur âge et leur profession, mais toutes en affinité avec Élisabeth ; seize personnes ont accepté de participer. Ces interviews se sont déroulées de la même façon : assise devant son ordinateur, sa sœur Anne-Marie à ses côtés et lui tenant l'index de la main droite, Élisabeth écoute la question posée ; aussitôt elle répond en désignant une lettre du clavier avec son doigt ; avec une rapidité surprenante, les lettres se succèdent, formant des mots, les mots des phrases, toujours selon le même mode de désignation, avec le doigt. Élisabeth ne relit jamais, puisqu'elle ne peut pas lire ; elle ne corrige pas, elle ne revient pas en arrière, elle n'hésite pas. C'est une réponse spontanée, immédiate, précipitée. D'ailleurs elle refuse la ponctuation : c'est son choix, comme si elle voulait que sa pensée, longuement mûrie pendant ses années de mutisme, s'exprime en jaillissements, la forme s'effaçant devant la vérité brute du fond.

Nous avons, Anne-Marie et moi-même, regroupé ces seize entretiens en quatre chapitres: un premier chapitre a pour titre « Élisa avec les professionnels ». Les professionnels sont les personnes que leur métier a amenées à rencontrer Élisabeth et que celle-ci a sollicitées pour un dialogue, ou qui se sont d'emblée proposées. Ce sont Danièle, éducatrice d'enfants handicapés, devenue amie de la famille GUIFFRAY; Colette, ancienne éducatrice; Annie, assistante sociale; Geneviève, institutrice spécialisée; Christine, ancienne éducatrice, amie d'Anne-Marie.

Le second chapitre, « Élisa et la communication facilitée », permet à des gens, motivés par ce système nouveau de communication au service des mutiques, de s'intéresser à Élisabeth et, par elle, de parfaire leur connaissance ou d'aller plus avant dans son usage: Bertrand, ostéopathe; Sylvie, infirmière et Anne-Marie, sa sœur et la « facilitante » habituelle d'Élisabeth.

Un troisième chapitre, « Élisa avec ses proches », fait intervenir les parents ou amis d'Élisabeth: Jean, son oncle, frère aîné de sa mère; Alain, ami très cher, lui-même handicapé et utilisateur de la CF; Marthe la maman d'Élisabeth et Georges, son papa.

Dans le quatrième et dernier chapitre, nous avons recueilli des entretiens qui ont pour objet de permettre à Élisabeth une expression sur elle-même, sur ses passions, ses émotions, ses sentiments, sa foi religieuse. Irène, une amie d'Anne-Marie, interroge Élisabeth sur sa poésie; Danny, amie d'Élisabeth, la fait s'exprimer sur son ouverture à la rencontre; Ghislaine, psychothérapeute, l'aide à lever le voile sur sa vie intérieure; et moi-même, Henri AMET, je dialogue avec elle sur sa foi chrétienne. D'où le titre de ce chapitre: « Élisa avec elle-même ».

À la fin de chaque entretien, Élisabeth a tenu à ajouter un court texte qu'elle intitule « réaction »; elle réagit à ce qui s'est passé dans l'échange, elle dit merci ou donne une appréciation personnelle à la personne avec laquelle elle s'est entretenue.

Si le lecteur de cet ouvrage accepte la spontanéité du langage d'Élisabeth, langage non parlé mais transmis par la technique de la CF, il découvrira, étonné et séduit, le monde intérieur d'une femme enfermée dans le silence depuis sa naissance, mais qui écoute, observe, ressent, vibre, souffre, aime, toujours avide de rencontrer et de célébrer la beauté des choses, des êtres et de Dieu.

Henri AMET

Élisa avec les professionnels
Danièle
Colette
Annie
Geneviève
Christine

Entretien avec Danièle

Élisa

Heureuse de démarrer avec toi.

C'est souvenir de mon premier centre avec toi que je veux raconter.

Et importance de l'éducation particulière pour nous les IMC[2] dépendants.

Dan

Ah bon ! Dans le premier centre où tu as été ?

Élisa

Quand j'étais petite.

Dan

Je te rappelle que l'on s'est connues tu avais trois ans ; tu n'avais pas encore quitté ta maman et tu venais par demi-journée et ça n'a pas été facile ni pour toi, ni pour moi.

L'association des IMC avait décidé de regrouper des petits enfants à partir de trois ans sur un même lieu, place de la Comédie ; il y avait des enfants de trois à six ans. À l'époque je n'étais pas formée pour des actions dites éducatives puisque je sortais de l'école de puériculture et j'étais plus dans le soin. Tout compte fait, c'était bien de soin dont il s'agissait. Les conditions de travail n'étaient pas

2. IMC : Infirme Moteur cérébral.

les mêmes que celles appliquées actuellement dans les établissements : nous étions 2 pour 10 et jusqu'à 17 enfants, tous très dépendants.

Finalement qu'est-ce qui se passait ? Il y avait un accueil à l'arrivée de chacun, pour certains une installation sur des sièges pas du tout adaptés ce qui prenait beaucoup de temps, l'éducation de la propreté, éducation pour ceux qui pouvaient le comprendre. Ce n'était pas chose facile ; puis chacun était installé et on arrivait au temps du repas. Il fallait apprendre à manger à la cuillère, cela prenait du temps. Maintenant on aurait appris doucement à la cuillère mais à l'époque la directrice disait : « tout le monde doit manger à la cuillère » ! Quelques-uns profitaient des chants ; pour ça, nous chantions beaucoup. Puis quand même, au fil du temps, on a parlé actions éducatives avec des jeux : utilisation du matériel graphique ; on essayait de vous faire profiter de tous les jeux éducatifs, nous faisions du papier froissé, déchiré, de la peinture. C'est ce qui nous a amenés à parler de l'éducatif. On allait voir ce que les autres accueils faisaient, ils venaient voir ce que nous faisions : il y avait peu de centres qui accueillaient des enfants si petits. Ce qui était primordial dans notre action, c'était accompagner l'enfant vers une norme ; on prenait l'exemple d'un enfant de trois ans qui mange seul, qui est propre, qui est capable de montrer ce qu'il a réalisé ; puis nous essayions d'adapter ces activités à vous, nos petits sans grandes possibilités.

Ça a duré quelques années et on a progressé avec les agréments des centres devenus « instituts médico-pédagogiques », avec des objectifs différents de ceux de l'école et de ceux utilisés auparavant. Le personnel aussi a changé : ce n'était plus du personnel de soins qui a été recruté mais du personnel éducatif.

Élisa

Tout est encore dans ma mémoire les pleurs les cris et la peur de ne plus voir maman d'être avec des personnes curieuses qui étaient là mais je ne comprenais pas pourquoi je devais quitter maman et être dans un autre monde de peur.

Depuis j'ai réfléchi et j'ai compris l'importance de ce centre pour moi et pour mes copains être justement reçus dans un lieu autre que la maison avec d'autres comme moi c'était ingénieux j'ai malgré ma peur compris que d'autres aussi étaient différents pas avec des mots mais c'était un ressenti fort dans ma tête période de ma vie où la socialisation indispensable à chacun a été douloureuse pas à cause de vous les pros[3] mais à cause de la méconnaissance de notre handicap de nos limites physiques et de nos besoins.

Mais heureusement que j'ai pu le faire car aujourd'hui je n'ai plus peur de quitter maman pour aller vers les autres.

Dan

Pour ajouter une phrase tu hurlais beaucoup mais tu savais bien pourquoi : il fallait que l'on ne s'occupe que de toi ; si je te prenais dans les bras tout allait bien. Il y avait des enfants beaucoup plus handicapés que toi qui ne profitaient pas du matériel ludique : ils regardaient c'est tout. À l'époque tu voulais toujours marcher, marcher ; on te faisait marcher mais quand on te disait « tu vas t'occuper un moment seule », tu pleurais alors que tu étais au milieu du groupe. C'était quelqu'un Élisabeth !

Je pense qu'il faudrait peut-être mettre des définitions sur les mots.

Définitions du dictionnaire (le Petit Robert) :

- Éducatif : qui a l'éducation pour but, qui éduque, qui forme efficacement ; en rapport avec pédagogique.
- Éducation : mise en œuvre des moyens propres à assurer la formation et le développement d'un être humain.

3. Pros : professionnels.

On est dans une société qui a tendance à exiger que tout le monde fonctionne de la même façon et certains enfants sont en échec à l'école parce qu'ils ne rentrent pas « dans le moule » que les instituteurs leur imposent.

Définitions du dictionnaire (le Petit Robert) :

- éducateur spécialisé : la formation d'éducateur spécialisé permet à certaines personnes d'avoir une adaptabilité à des personnes qui sortent de la normalité (personnes handicapées physiques mais aussi déficients intellectuels, caractériels et autres maladies mentales et ceux qui se mettent en marge de la société)

Pour moi-même, j'ai choisi de m'occuper d'enfants atteints d'un handicap moteur ; mes objectifs premiers étaient de cerner les possibilités de chacun d'entre eux et leur proposer des activités en rapport avec leurs possibilités motrices et leur compréhension, pour leur permettre de se rapprocher le plus possible de la normalité.

Élisa

Moi je comprends que toi éducatrice tu veuilles me rapprocher de la normalité mais moi je me sens hors-norme je ne peux pas entrer dans le moule du fait de mon handicap et aussi de mon caractère la part entre les deux je ne sais pas mais mon handicap m'empêche de faire et mon caractère me permet de dire même en hurlant.

Être rapprochée de la norme je voudrais que tu précises pourquoi.

Dan

Je ne suis pas d'accord que tu dises que tu es hors-norme ; tu es dans une catégorie de personnes et tu n'es pas la seule : ces personnes sont inscrites dans la société. Toute personne a sa place à faire dans la société : un enfant caractériel qui ne reste pas en place, s'il reste chez lui, si on ne lui fait pas comprendre que l'on vit en côtoyant d'autres personnes, je ne sais pas ce qu'il va devenir. L'éducation en famille et professionnelle sont différentes mais complémentaires et c'est à chacun de faire sa place dans la société. Dans notre monde, on fonctionne en complémentarité et je ne connais pas de personnes qui vivent vraiment en autarcie, vraiment seules ; à un moment donné, on a besoin d'avoir recours à une autre personne.

Élisa

La société me rejette comme un déchet elle ne me reconnaît pas le droit de vivre accompagnée selon mes besoins.

Mais revenons à l'éducation moi je comprends qu'il faut apprentissages pour se former à la vie tout court la vie avec les autres mais aussi apprendre à construire sa vie et ça c'est essentiel et une éducation doit être particulière pour nous les IMC avec nos difficultés d'attention notre rythme lent et nos aptitudes physiques toutes cassées je ne m'imagine pas à l'école avec des enfants courant parlant autour de moi j'ai besoin de calme pour réfléchir et comprendre l'intérêt de l'éducation qui m'est proposée.

Dan

Tu me fais bondir quand je t'entends dire que la société ne te reconnaît pas le droit de vivre, je ne suis pas d'accord avec toi ; en quarante ans il y a beaucoup de progrès de fait sur l'accueil des personnes handicapées et il continue à y en avoir. Il y a beaucoup de réflexions sur le bien-être de ces personnes et c'est souvent des choses que je retrouve dans les blogs ; je ne veux pas nier vos capacités réduites à vous personnes handicapées mais il ne faut pas rester sur ce problème d'une minorité qui n'accepte pas les personnes handicapées. Je sais que c'est un souci qui se travaille tous les jours. Il y a quarante ans, on aurait pu dire : pourquoi on les a réanimés ? Il n'y avait pas beaucoup de bébés qui grandissaient sans séquelles à cette époque. Mais pas aujourd'hui, il y a des gens qui œuvrent pour vous faciliter la vie. Des fois, nous aussi personnes valides, on n'est pas acceptés dans certains lieux, c'est de la ségrégation dans le sens le plus large du terme.

Élisa

Je comprends ta carrière pro a été avec nous tu sais que l'on existe que l'on vit que l'on est heureux de vivre malgré le handicap mais toi tu sais nombreux sont ceux qui nous regardent comme un animal curieux ou comme un monstre dans les foires.

Je vis ces regards douloureusement ils sont la négation de mon humanité mais la société a fait des progrès considérables mais tu le dis toi-même il y a encore à faire puisque certains réfléchissent et travaillent pour améliorer la connaissance qu'ils ont des personnes handicapées pour notre accès dans la société.

Dan

C'est sûr que c'est une longue discussion. Pourquoi dire que l'on te regarde comme un monstre ? Peut-être que les gens disent : une belle jeune fille dans un fauteuil, que lui est-il arrivé ? Moi-même, si je vois un fauteuil, je me retourne pour voir si je ne connais pas la personne. Une fois, en vacances, j'étais sur la plage et une maman arrive avec une poussette buggy. Elle pose toutes ses affaires et je me suis dit : « elle doit avoir un enfant handicapé ». Et en effet il y avait un enfant sur le sable ; je me suis levée et lui ai proposé de l'aider et la dame m'a dit : « De quoi je me mêle ? ». La dame avait compris que je savais que son enfant était handicapé. Je ne sais pas laquelle des deux, la maman ou moi, était la plus vexée. J'ai parlé à des mamans qui ne parlaient plus à leurs voisins, parce que les gens posaient des questions sur leur enfant qui ne marchait pas ; et des fois c'est moi qui donnais l'information aux voisins pour expliquer le handicap. Une IMC aveugle avec sa jumelle et l'employeur de sa maman disant : « Oh ! Elles sont mignonnes, mais il y en a une qui dort tout le temps ». Les gens ont besoin d'être informés sur le handicap et j'espère que cela arrive moins chez les adultes handicapés car les personnes handicapées de ta génération, vous arrivez à un certain âge et il y a beaucoup d'informations sur la cause du handicap : de naissance, accidents de voiture et cela peut arriver à chacun. Mais je reconnais qu'il y a des gens qui sont maladroits, et expriment leur pitié, ils ne savent pas ce qui peut leur arriver ; ça, c'est pour les personnes handicapées et quel que soit le handicap : le regard interpelle ceux qui sont différents. Je crois à une chose : tu étais assez favorisée par rapport à certains autres : tu as toujours eu une éducatrice qui te prenait particulièrement en charge. Chouchoute va ! Tu savais bien faire !

Élisa

Mais tu es d'accord qu'il nous faut une attention particulière sinon les peurs nous reviennent et nous envahissent je hurle le droit à une éducation différente adaptée comme tu dis à notre handicap pour aller au bout de nos possibilités mais jamais nous n'arriverons à la norme et ça aussi nous devons l'apprendre et ne pas avoir peur ou honte d'être différents.

Dan

Je suis d'accord avec toi. Éducation, on peut parler d'éducation pour les jeunes enfants ; les personnes adultes vivent avec ce qu'elles ont acquis.

Élisa

Moi j'ai encore besoin d'apprendre je n'arrive toujours pas à me situer dans le temps et je ne peux pas user mon fauteuil électrique car je cogne les objets les gens j'ai apprentissage de l'espacement à faire encore je ne veux pas que du soin ou de l'occupationnel je veux encore apprendre du déplacement.

Dan

Je fais une différence entre apprendre et éducation : on apprend toute sa vie, on a toujours quelque chose à apprendre. La définition d'apprendre, c'est en rapport avec le savoir, avec la culture plus que l'éducation. L'éducation, c'est comment on doit se tenir, on doit manger, ce sont les bases de la vie en société. Apprendre c'est quelque chose de plus personnel, tous les jours on apprend quelque chose.

Élisa

Je me demande si j'ai reçu les acquisitions de base avec toi quand j'étais petite c'est pour rire.

Je suis émue de cette discussion avec toi et je vais avoir temps pour réfléchir à ces notions d'éducation et d'apprentissage je comprends éducation pour les bases et apprentissage pour soi mais mon espace-temps qui m'est si difficile n'est-ce pas une base ?

Dan

Éducation c'est pour la vie en société : apprendre à attendre son tour par exemple.

Élisa

Moi j'ai appris l'attente avec toi mais je n'aime pas ça j'aime que l'on soit présent pour moi l'éducation n'y a rien changé.

Dan

Si, car tu n'es plus aussi exigeante que tu ne l'as été.

Élisa

Merci je pense que nous devons arrêter beaucoup d'émotions pour moi que ces souvenirs de quand j'étais petite et que tu m'éduquais j'ai grandi mais cette époque de vie m'a formée je le reconnais aujourd'hui avec de fortes émotions dans mon cœur.

Fatigue maintenant clore notre entretien sur le constat que tu dis toi.

Dan

Je trouve que c'est important de parler d'éducation surtout à l'époque où l'on vit; car on parle beaucoup de liberté mais une bonne éducation permet de prendre conscience de la liberté des autres et de la place que l'on a pu se faire dans cette société vis-à-vis des autres: relations familiales, amitiés, accompagnement, soins, etc.

Élisa

Merci de cet échange.

Entretien le 5 novembre 2007

RÉACTION

Cette rencontre est la première pour ce livre que je débute il faut être attentif j'ai déjà avec le père Amet eu des entretiens mais on ne parlait que de moi là on en parle un peu pour situer notre rencontre comment on se connaît et après on échange des idées c'est passionnant pour moi je n'avais jamais imaginé participer à une telle aventure.

Et on n'est pas d'accord ça m'oblige à réfléchir vite à organiser mes réponses c'est intellectuellement très riche et je découvre cette manière d'échanger avec des personnes sur ce qu'elles connaissent bien Dan c'est une professionnelle confirmée et reconnue pour ses connaissances sa pratique moi je n'ai que du ressenti pas de théories élaborées.

Et ça m'intéresse encore après l'entretien j'y repense et réfléchis à sa position et à la mienne mon cerveau a de quoi se nourrir après de telles rencontres.

Dan merci d'avoir accepté d'être la première comme tu as été ma première éduc[4].

Je dois dire que ces souvenirs de moi petite avec mes peurs et mes pleurs m'ont montré le chemin parcouru grâce à ma famille et à tous ceux qui ont croisé mon chemin.

4. Éduc : éducatrice.

Entretien avec Colette

Élisa

Avec toi je veux parler de l'amitié qui nous unit depuis longtemps.

Colette

C'est un vaste sujet. Moi j'aime te rencontrer et je pense à toi souvent : c'est l'amitié. Justement l'amitié, c'est l'amitié. Je t'ai rencontrée à Dommartin, tu m'en as fait baver mais on aimait être ensemble. L'amitié, c'est se trouver bien ensemble.

Élisa

Je t'en ai fait baver tu dis j'étais petite.

Colette

Oui c'est vrai tu avais onze ans et une fois j'ai réussi de te sortir des griffes de papa maman pour une nuit et que tu n'as pas fermé l'œil de la nuit et j'ai fini par me coucher à côté de toi pour me reposer et que tu dormes un peu, on avait fait un grand exploit.

Élisa

Je me souviens j'avais peur et je voulais te voir il fallait que tu sois proche sinon je ne te voyais pas dormir un peu mais très léger c'est la fatigue qui m'a fait dormir.

Colette

Ta maman m'avait dit : il faut qu'elle mange, qu'elle boive, qu'elle fasse pipi, et au lit, sa prière et un bisou. Mai tu ne dormais

pas et je suis allée à côté de toi pour te rassurer et comme on s'entendait bien ensemble déjà j'ai compris que tu avais peur et me suis mise à côté de toi.

Élisa

Moi j'ai tout de suite été rassurée avec toi et pas que la nuit le reste du temps aussi.

Colette

Qu'est-ce qui fait que l'on s'entend bien avec une personne ou une autre? C'est être en confiance mutuellement. Tu demandais beaucoup, tu m'appelais, tu réclamais; on t'appelait « la chouchou ». Ta maman elle venait te chercher, elle faisait des grands sourires pour être sûre que l'on s'occupe de sa fille. Et quand j'ai eu mon accident, c'est ta maman qui a fait le lien entre nous; et puis vous êtes venues me voir à la maison. Après c'est devenu une amitié plus importante; avant, c'était mon boulot et toi tu n'avais pas le choix. Après tes parents m'invitaient à prendre le thé. Et quand on allait à la piscine, c'était vers toi que je venais malgré les autres.

L'amitié est un sentiment qui ne se guide pas: on apprend à se connaître; ce n'est pas la vie d'un couple qui va faire des pitchounets. On a autant de plaisir à se voir au bout de six mois que tous les jours. Même si on ne se voit pas de longtemps, je pense à toi quand je suis à la messe; je me dis: « Élisa elle aimerait ce chant-là ». Je ne sais pas pourquoi on se sent bien avec quelqu'un plutôt qu'avec un autre. Ta maman elle m'a montré des choses en travaux manuels, ton papa il est sympa avec moi et toi tu aimes ma musique.

Pourquoi c'est tombé sur nous deux? Alors ça?

Élisa

Je comprends ça ne s'explique pas ça se vit on est bien ensemble on partage les mêmes valeurs d'humanisme même si on n'est pas toujours d'accord sur tout on en parle et on se respecte.

Colette

Tu as entièrement raison : être ami c'est celui que l'on peut appeler quand on est dans la dèche (c'est un peu familier) ; cette personne, on sait que par amitié et non par compassion, elle répondra. Si tu n'avais pas été à la piscine, je n'y serais jamais allée. Je suis ravie quand tu viens à la maison.

Élisa

Tu dis compassion je crois que c'est ça l'amitié c'est autre sentiment que compassion ce n'est pas plus ou moins c'est autre chose qui dure longtemps et qui est vrai.

Colette

Tu veux dire l'amitié et la compassion. La compassion c'est passager, ça fait penser à pitié ; c'est un mot que je n'aime pas beaucoup, ça me donne cet esprit. L'amitié c'est profond. Je savais que tu allais venir, ça m'a donné un peu de force pour ranger, préparer ta venue, parce que je ne veux pas recevoir mon amie dans le foutoir. Tu as lu *Le petit prince* : le petit prince et le renard. On s'est apprivoisées l'une l'autre ; on n'est pas toujours d'accord ensemble, ce qui met le petit piment entre nous, sinon ça fait béni oui-oui.

Élisa

Compassion c'est bien laid pitié c'est horreur moi j'aime venir écouter tout ce que tu fais tu as toujours des projets en cours de grande envergure et je suis estomaquée car tu les mènes à bon port malgré les embûches.

Colette

À bon port ils n'y arrivent pas tous cette année je n'ai pas d'élèves en soutien et on ne peut pas toujours faire tous les projets ; la maison en travaux, je pensais que ça allait durer deux jours ; je fonce et je me casse le nez parce que je ne peux pas le faire et je rouspète.

Entre amis on se raconte tout et si on se voit tous les jours, on a toujours à se dire; et si on se voit tous les six mois, on a toujours à se dire. Mais une collègue ou un copain, il arrive que l'on n'ait rien à lui dire. On parlait de mon bégaiement: qui a eu le courage de m'écouter quand j'étais incompréhensible? Ces gens-là, ils sont des voyeurs, ils disparaissent dans la nature ou « je n'ai pas le temps » disent-ils.

Élisa

Tu parles de ton bégaiement moi ça me fait rire je sais que c'est curieux de rire mais je ne peux résister je sais que la parole c'est sacré moi mutique je me donne le droit de rire de toi cherchant tes mots pas dans ta tête mais dans ta bouche là où ils sont coincés je suis ton amie et tu sais tu comprends pourquoi je ris sinon tu aurais de la peine tu penserais que je me moque mais tu sais que ce n'est pas ça je ris de ces mots qui butent.

Colette

C'est bien parce que c'est toi que je supporte que tu ries; avec d'autres, je me tais. L'amitié nous fait passer par-dessus plein de difficultés; quand je bégaie trop fort, je ne parle plus à personne, c'est une solution. Dans la famille Guiffay, on s'en est fichu de mon bégaiement. Mon grand Jacques il n'a plus voulu venir prendre des cours de piano: je l'entends parler, dire j'ai peur. Chacun réagit comme il peut.

Élisa

La peur de la différence c'est bien ça qui différencie les autres tous les autres nous on partage des valeurs de respect de l'autre et c'est au contraire dans les moments difficiles que l'on doit être présent et t'écouter chercher tes mots qui nous disent ta peine ou tes joies mais peu importe la manière peu importe le moyen on partage.

Colette

C'est vrai que l'on partage. Il y a des grands moments où l'on ne se voit pas parce qu'il y en a une qui est malade ou pas bien ; heureusement ta maman m'appelle si ça dure trop longtemps. Un jour que tu étais très malade tu ne pouvais pas boire : « il n'y a que Colette qui saurait » disait-elle. Bien sûr je serais venue.

L'amitié, c'est une force que l'on a en nous et cette force elle se cultive toute la vie même si les modes de rencontres ne sont plus les mêmes, l'amitié ne s'en va pas. Ce ne sont pas les boutons de la rougeole qui s'en vont dès que c'est fini.

Élisa

Oui on change moi je grandis je mûris je prends mon autonomie dans ma tête mais cela ne change pas notre amitié tu suis mon évolution d'enfant à adulte que je suis maintenant et on reste amies c'est alchimie de l'amitié qui peut suivre l'évolution de la vie sans être pour autant arrêtée.

Colette

Tu m'as volé ma pensée. Tu passes d'enfant à adulte et moi d'adulte à bébé vieillard !

Ça se cultive, ça grandit avec nous. C'est éternel l'amitié. L'amitié ça peut être un groupe mais, quand il y a quelque chose à dire, c'est avec une personne.

Élisa

Je suis contente de cet échange qui confirme ce que je pensais nous sommes amies c'est un fait et nous pouvons être ensemble et nous comprendre ce que tu faisais quand je ne pointais pas encore tu étais toujours capable de me comprendre de savoir ce que je voulais dire c'est parce que tu as bien compris notre vie à nous les IMC tu es capable de penser comme nous et ainsi de nous comprendre l'amitié je pense avoir compris ça ne s'explique pas ça se vit.

Colette
Ça ne s'explique pas, ça se vit, mais ça ne s'interviewe pas !

Élisa
Et nous deux on l'a fait !
Merci Colette de ce moment partagé d'amitié pour mon livre qui sera le nôtre.

Entretien le 3 novembre 2007

RÉACTION

Entretien avec Colette le lendemain de celui avec Dan ma sœur organise les dates et c'est comme ça. J'étais encore dans mon enfance et avec Colette aussi mais moins j'étais plus grande quand je l'ai connue je découvre que depuis toujours j'ai besoin d'exister d'être reconnue mon handicap explique mes peurs mais ce besoin de reconnaissance de mon existence c'est aussi mon handicap mon corps morcelé ma vie dépendante des autres m'obligent à être vue entendue.

Le thème avec Colette était facile car ça a toujours été joie de se voir et elle m'a toujours comprise même quand seulement les cris étaient mon expression de joie de colère ou de rage ou pour dire je suis là.

Cette peur d'être seule m'est viscérale et ancrée au plus profond car seule je ne peux rien.

Merci Colette de cet entretien et pas interview mais la règle posée c'est de ne pas modifier notre entretien il doit être spontané et tel qu'il a été sur le vif.

Entretien avec Annie

Annie
Quel est le but de ce livre ?

Élisa
Mon but pour ce livre c'est la connaissance par le plus grand nombre possible de la vie des personnes handicapées en dépendance comme moi une dépendance physique de tous les instants ce livre j'aurais pu l'écrire seule mais je trouve ouverture à ces entretiens surtout pour moi mutique qui avant la communication facilitée n'avais jamais eu d'échanges de ce type échanges d'idées.

Annie
Élisa, tu voulais surtout centrer notre échange sur la vie dans les établissements ou voulais-tu parler d'autres choses ? J'ai travaillé onze ans à l'Étang Carret[5] : as-tu envie de parler de l'Étang Carret ou as-tu d'autres choses dont tu voulais parler ?

Élisa
Avec toi intéressant de dire les établissements tu as travaillé longtemps avec des personnes handicapées comme sujets moi je vois la vie de l'autre côté notre échange sera pour croiser les regards.

Moi j'ai une question importante je veux dire pour les internes comme moi maintenant c'est le fond du problème comment tu situes

5. Étang Carret : établissement médico-social pour personnes adultes handicapées.

les personnes handicapées des adultes oui mais leur handicap les contraint à l'aide comment ne pas influencer leurs décisions c'est vraie question.

Annie

Comment je me situe par rapport aux personnes handicapées ? C'est tout un programme de vie. J'ai commencé à 24 ans à l'APF[6] et je n'ai pas le même regard aujourd'hui. Ce qui est sûr, c'est que la personne handicapée, ça a toujours été une personne avant tout pour moi. Dans mon histoire personnelle, je me suis aperçue bien tard que j'avais cru que je les avais aidées et que c'est elles qui m'avaient aidée. À l'APF, j'ai rencontré des personnes accidentées de la route, des tétraplégiques ; la question derrière ça : quel est le sens de leur vie et quel est le sens de la mienne ? C'était très croisé.

La personne handicapée pour moi, elle m'a donné le sens de la vie au-delà de l'apparence, au-delà de ce qui se voit ; j'ai découvert des êtres humains capables de donner de la joie, de la force avec toutes leurs limites, de la dignité et c'est ça que j'ai reçu toute ma vie.

Pour l'influence, on peut accompagner les décisions ; j'ai observé votre difficulté de repères dans le temps, l'espace et qu'effectivement il y avait à vous accompagner là-dedans. C'est vrai que quand il y avait des dossiers à remplir, comme vous ne pouvez pas écrire, je relançais les personnes. Mais, pour des projets plus personnels, il s'agit de réfléchir ensemble, de voir les réalités, les possibilités. Mais je comprends que tu te poses cette question : est-ce que l'on influence tes décisions ?

Les éducateurs ont le souci d'éduquer et les assistantes sociales ont plus le souci d'accompagner le projet de vie ; l'éducateur aura

6. APF : Association des Paralysés de France.

plus le souci du quotidien, de vous protéger, l'éducateur est plus dans le quotidien que l'assistante sociale.

Il y a une évolution : la législation a évolué sur les droits de la personne. Il y a 20 ans, on en parlait moins ; les contrats de séjours, c'est pour mettre la parole de la personne handicapée au premier plan, pour lui permettre de se situer par rapport aux équipes dans l'établissement.

Élisa

Je comprends que suivant le métier votre approche est différente ça j'avais un peu perçu mais maintenant je comprends mieux on peut même ajouter le personnel médical et paramédical mais si vous respectez notre pensée chacun à votre manière moi je ne sais pas me retrouver parmi vous je fais différence entre quotidien où les contraintes de la vie collective sont prégnantes et la vie les choix de vie d'activités je ne suis pas certaine que la loi nouvelle ait changé l'attitude de certains personnels qui sont dans la toute puissance vis-à-vis de nous cela transpire quand on les voit ils ne se doutent pas mais d'eux je me méfie car je sais que je ne pourrai pas être entendue.

Je trouve difficile d'être accompagnée parfois avec un but éducatif caché et d'autres fois où l'on me laisse libre complètement mais sans aide je découvre ce monde jusqu'à présent les parents et ma sœur assuraient et où j'étais comme eux membre de la famille des contraintes il y a en a aussi dans une famille.

Les professionnels c'est complexe et je ne me trouve pas encore je pense que notre entretien permettra d'éclaircir pour moi mais je crois pour d'autres aussi car je pense ne pas être la seule dans la confusion par rapport à votre accompagnement et si on se l'expliquait sur place ?

Annie

Ce que j'ai entendu, c'est que tu as conscience des contraintes de la vie collective. Tu es dans un gros établissement, avec des grosses équipes, différents modes: CAJ[7], pavillon[8], ESAT[9], médical,

On est chacun différent dans les équipes; il faut le voir comme une richesse mais ça provoque aussi des tensions liées aux façons de faire différentes entre professionnels. Que tu le ressentes, ce n'est pas étonnant. Je me rappelle d'une dame qui voulait faire un stage, qui voulait changer d'air: pour des raisons médicales, le médecin a demandé le report du stage. Conflit d'équipe: il faut arriver à s'écouter. Et la personne handicapée a dû s'aligner sur la décision du médecin.

Je reprends ce que tu as dit par rapport à la loi qui n'a pas changé les pratiques; c'est un travail de longue haleine. L'établissement, c'est une petite société; et dans la société, certains sont intéressés par l'argent, les loisirs ou autre… La personne handicapée est exclue de leurs préoccupations.

Tu as la chance de vivre dans une famille où tu as eu toute ta place. Il y a des familles qui se battent. Tu es en train de te confronter à la société, c'est sain de te demander comment te positionner. Tu en as pour quelques mois. Cette difficulté, cette impression que l'on ne t'explique pas suffisamment, ça va te rendre plus forte.

Qu'est-ce qui pourrait t'aider à sortir de cette confusion?

La toute puissance de certains, ça existe et il faut que tu le comprennes: je ne juge pas, c'est leur chemin, l'étape où ils sont aujourd'hui; tu es intuitive, il faut apprendre à te protéger. C'est leur limite, ils n'ont pas conscience qu'ils écrasent l'autre, il faut que tu te protèges de ça.

Mais tu vas trouver d'autres personnes sur lesquelles tu pourras t'appuyer.

7. CAJ: centre d'activités de jour.
8. Pavillon: lieu d'hébergement.
9. ESAT: établissement social d'aide par le travail.

Élisa

Merci c'est passionnant pour moi cet échange je comprends comment je dois me situer je dois rester moi entière le quotidien et les contraintes collectives je ne les crains pas car il y a toujours de la vie autour de moi et ça me ravit.

Pour le reste pour construire mon projet je dois arriver à ce que l'on me dise pourquoi ceci pourquoi cela j'explique si je veux peinture c'est pour création c'est pour expression et moi je peux expliquer il faut que les professionnels comprennent mon projet et ils n'oublieront pas mon activité essentielle pour moi pour construire si pas possible je peux l'entendre mais il faut me le dire et trouver autre solution pour développer mon expression aujourd'hui ils sont dans la découverte moi ça y est j'ai vu mais je donne exemple de sens des activités qui vont rythmer ma vie là-bas je ne veux pas rester pavillonnaire c'est-à-dire sans sortir du pavillon la journée je ne suis pas certaine que ce sens de vie ce projet soit compris mais je vais chercher la personne sur qui m'appuyer.

Je découvre quand même un monde je dis un village empli de vie alors que j'ai entendu établissement enfermement pour moi c'est ouverture pour peu que le sens soit donné.

Annie

Ça me fait plaisir ce que tu dis, qu'un établissement c'est la vie et pas l'enfermement. Ce qu'il y a de positif, c'est la vie et c'est ce que tu aimes.

Moi je crois que tu vas trouver ta place. Tu vas t'y retrouver dans toutes ces activités. La période estivale c'est là où les activités s'arrêtent. Patiente un peu ; à la rentrée, les activités seront organisées.

Comment tu peux te faire comprendre ? Pourrais-tu avoir un tableau Bliss[10] pour dire ? Par exemple, je veux rencontrer le direc-

---

10. BLISS : tableau de communication avec des symboles.

teur, aller dans un autre pavillon. Il faut que tu trouves un moyen simple pour t'exprimer. Prendre le temps de découvrir les autres personnes handicapées, aller dans les autres pavillons, ou échanger avec un éducateur sur un autre pavillon. Il faut que tu trouves ce qui t'intéresse, que tu trouves tes repères et les activités vont démarrer en septembre.

Tu parles d'expression : dans l'établissement, il y a eu du théâtre, des spectacles, des groupes d'expression autour d'un livre ou des informations ; il faut que tu voies ce qui te convient et il y a l'atelier du non-faire qui est un lieu de discussion avec un éducateur et ceux qui y passent ; il y a des voyages qui s'organisent à Pen Bron, à Paris, et à l'étranger.

Élisa

Moi j'ai dit ce que je voulais développer communication avoir connaissance du temps et des repères avec ça on devrait me proposer activités en rapport mais je ne pense pas avoir été comprise communication ça se développe avec théâtre par exemple moi je pensais mais on me demande de choisir activités et je ne sais pas ce qu'elles développent.

C'est là où je me demande quel accompagnement au-delà du quotidien ce quotidien est à peu près mais je sens vide autour moi je veux construire ma vie pas simplement être là.

Annie

Juste une remarque par rapport au CAJ où tout était cadré : tu as changé, tu sens une différence par rapport à VIHADUC[11], tu sais ce que tu veux. Cet accompagnement va arriver. Il y a un vide en ce moment : emplis-le, n'attends pas des accompagnateurs qu'ils te disent que faire, tu as suffisamment de force pour remplir ce vide. Je

11. VIHADUC : nom d'un centre d'activités de jour.

ne voudrais pas que tu sois en position d'attente ; il s'agit d'une période pendant l'été, transitoire, où tu peux construire, mais la maison est grande et ce n'est pas facile de trouver ses repères. Je pense que tu n'as pas fait qu'être là, tu es déjà une lumière sur ton pavillon. Tu as des attentes très précises, tu sais ce que tu veux, mais tu es un peu en avance par rapport à d'autres lorsqu'ils arrivent.

Est-ce qu'il y a eu des fêtes ? Tu as aimé ?

Élisa

J'ai fêté la nuit sans souci matériel de transport de coucher et ça c'est rêve pour moi jamais je n'avais fêté la nuit avant.

Et j'ai même fêté avec VIHADUC mais il me semble loin le CAJ j'ai complètement investi l'Étang Carret la vie de groupe dans le pavillon les pavillons autour mais j'ai effectivement attente forte pour m'aider à progresser dans domaines qui ne sont pas de la pensée pure mais que mon handicap m'a ôtés ou pas donnés.

Important pour que la vie collective un jour ne me pèse pas mais j'ai écouté entendu et je vais les surprendre encore plus.

Annie

La question importante lors de l'entrée en établissement est posée. La rencontre avec une communauté, c'est quelque chose de difficile mais de riche ; tu vas apprendre à nouer des relations. L'ouverture, c'est ça qui fait progresser.

À l'Étang Carret, il y a beaucoup de joie, de rencontres, des fêtes et c'est le lieu où l'on invente quelque chose. Toi tu vas t'inclure là-dedans.

Élisa

Je vis une période bouleversante de ma vie mais la question de l'écoute de l'accompagnement de la personne handicapée dans un établissement est et reste question délicate merci de cet éclairage qui va pour moi être source de réflexions et de mise en pratique rapide mais je sais difficultés sur la durée et c'est ce que je prépare que je prévois il ne faut pas devenir pavillonnaire.

Je conclus avec remerciements pour entretien et merci des conseils qui s'y sont glissés.

Annie

Moi, j'ai entendu l'importance pour toi d'être écoutée et accompagnée. La difficulté vient du fait de la diversité des équipes, mais je sens que tu es très mûre, tu sais ce que tu veux, tu es capable de l'obtenir ; n'attends pas tout des autres, ne te situe pas en attente des professionnels, restes toi-même. L'établissement, c'est un grand village comme tu le dis et il n'est pas idéal ; il faut faire des choix. Trouve sur qui tu peux t'appuyer.

Élisa

Il faut faire du prosélytisme pour ton approche des personnes handicapées et des établissements.

Merci.

Entretien le 13 juillet 2008

RÉACTION

Avec Annie j'ai échangé sur un point fondamental de notre prise en charge dans les établissements comment être entendu dans nos attentes comment adultes en dépendance on est considéré par le personnel comment ils peuvent nous aider nous accompagner dans les activités pour progresser en autonomie.

Elle m'a donné des conseils que je vais mettre en pratique mais au-delà la discussion pose question pas résolue par la loi c'est un état d'esprit qu'il faut modifier le regard posé sur nous personnes handicapées par les professionnels.

Je suis contente d'avoir pu prendre recul par rapport à ce que je vis actuellement.

L'entretien avait double intérêt pour moi être dans mon livre et m'aider dans une période bouleversante de ma vie.

Richesse pour moi.

Entretien avec Geneviève

Élisa

Avec toi je veux parler de l'enseignement comment transmettre savoir connaissances à d'autres moi je ne sais pas car je n'ai jamais été à l'école et je n'imagine pas autre chose que ce que j'ai vécu une éducation spécialisée particulière pour les IMC.

Dis-moi.

Geneviève

Tu veux savoir comment transmettre le savoir et la connaissance à des personnes comme toi ou d'une manière générale ? Tu me dis que tu ne connais que l'éducation spécialisée et tu me dis n'avoir pas été à l'école.

Élisa

Moi j'ai eu éducation pour les couleurs les formes le temps l'espace autour de moi l'assise tu as pu voir encore aujourd'hui que je dois être attentive à mon assise mais ce que je veux savoir c'est comment transmettre l'histoire la géographie le calcul des matières arides et pas du tout dans le concret pour moi.

La philosophie je n'en parle pas car moi j'ai appris à l'école de la vie.

Geneviève

Tu me poses une question très difficile. Moi qui étais institutrice spécialisée, l'histoire, la géographie, je n'avais pas le temps de les aborder. Comment les transmettre ? Bonne question. De la même manière que tu as appris la philosophie à l'école de la vie: on peut partir de l'actualité et étudier d'où part le phénomène; pareil pour la géographie: on part du pays et on étudie.

C'est ce que je pense pour tous les élèves, pas seulement en éducation spécialisée.

Est-ce que je te surprends en disant ça?

Élisa

Tu ne m'étonnes pas mais ce n'est pas méthode officielle d'apprendre moi je pense qu'il faut ancrer dans le concret les matières quand c'est possible mais certaines demandent abstraction et là c'est complexe moi je ne sais pas comment faire mais je sens répétitions de ce qui a déjà été dit avant pas réelle réflexion de la part des élèves peut être n'est ce pas possible en classe je n'imagine pas une classe moi j'aurais eu beaucoup de distractions à écouter et observer les autres j'ai du mal à me concentrer quand il y a du monde autour de moi mais ça doit être dû à mon handicap sinon comment feraient les enfants à l'école?

Geneviève

Ils font comme ils peuvent. À l'école il faut savoir que sur trente élèves, il y en a dix qui sont malheureux à l'école; c'est ce que j'ai constaté. Pourquoi? Les dix premiers n'auraient presque pas besoin de l'enseignant, les dix au milieu en ont besoin et les dix restants auraient besoin d'un enseignant par élève, non pas que ceux-ci soient inintelligents, mais le système n'est pas adapté à toutes les formes d'intelligence.

Je parle de l'enseignement tel qu'il est pratiqué aujourd'hui. On pourrait imaginer un enseignement qui tiendrait compte des différentes formes d'intelligence, sans connotation négative.

Maintenant, il y a quelque chose qui me surprend. Tu me parles de l'école comme si tu y avais été.

Et puis ce que j'ai entendu, c'est que tu as très soif d'apprendre toutes ces choses que tu appelles « abstraites ». Pourquoi ? Tu aimerais apprendre ces choses que tu appelles « abstraites » ?

Qu'est ce que cela apporterait à ta vie ?

Et je n'ai pas d'a priori négatif par rapport à ça. Quand j'étais enseignante dans le spécialisé, je me suis moi-même bagarrée, avec mon équipe pédagogique, pour que les enfants malades et handicapés puissent avoir une vraie école, et tout le monde ne comprenait pas ça.

Élisa

L'école j'ai vu mes copains dans le centre quand j'étais petite il y avait une classe j'imagine école identique en plus grand moi je ne veux pas apprendre des sujets qui ne m'intéressent pas géographie par exemple je ne me situe pas dans mon espace proche comment apprécier pays territoire je ne conçois pas.

L'important pour moi c'est de savoir autres cultures autres personnes vivant dans un ailleurs que je ne connaîtrai jamais avec autre culture moi je vis ici en France ça je sais et je connais la culture du pays ça suffit ce que je voudrais c'est réflexion sur sujets variés en fait c'est philosophie qui me passionne et je n'aurais pas eu plaisir à apprendre à compter pour quoi faire je suis réaliste et pense avoir à gérer ma vie plutôt que de compter des heures que là aussi je ne comprends pas cette satanée notion de temps je ne maîtrise pas du tout et tous les enseignements jusqu'ici n'ont pas pu m'aider.

Geneviève

Je suis contente de voir que nous sommes d'accord toutes les deux. Ce que tu souhaites, c'est une école complètement adaptée à la personne. C'est ce pour quoi j'ai milité en travaillant. Pour moi, c'est ça une vraie école ; avec des nuances bien sûr, car quand on a la vie que tu as ou celle d'un enfant d'un quartier, les besoins sont différents.

Seulement tu vois, nous sommes dans une sorte de rêve toutes les deux, car tu imagines les moyens qu'il faudrait pour une école comme celle-ci ?

Mais pour ma part, je pense que c'est vrai qu'il faudrait des moyens pour cette école ; mais s'il y avait à haut niveau, plus de motivations pour considérer la personne humaine telle que l'on vient d'en parler, on pourrait faire beaucoup mieux.

Mais je voudrais savoir pourquoi tu as envie de parler d'enseignement ? Est-ce que ça cache un désir d'être enseignée, toi ?

Élisa

Moi depuis toute petite j'ai éducateurs autour de moi donc je pense enseignement. Plaisanterie.

J'ai envie de parler enseignement pour moult raisons.

J'ai toujours à apprendre mon handicap m'a empêché beaucoup mais je peux apprendre encore les éducateurs ils sont là quand j'étais petite j'ai appris la vie en société avec eux maintenant j'aimerais apprendre encore des notions mal maîtrisées le temps déjà dit mais aussi l'espace les distances je ne conçois pas mais je peux apprendre et aussi suivre l'actualité avec décryptage pour tous les points que je ne connais pas je reviens à histoire géographie je n'ai aucune base et comprends mal certaines situations donc je m'en désintéresse mais c'est important pour moi de rester dans la réalité du monde et pas seulement dans mon village et dans ma famille.

Une autre raison encore je dois mobiliser mes forces pour garder ce que l'on appelle les acquis mais ça c'est handicap qui le veut mais éducateur doit voir s'il y a baisse d'intérêt d'attention et nous aider à rester ouverts sinon facile de se refermer et de se laisser vivre moi je cherche l'équilibre entre éducation et vie réelle pour moi c'est difficile encore plus en tant qu'adulte car les éducateurs nous traitent parfois en enfant en inférieur en moins qu'eux et ça je ne le mérite pas ni mes copains.

C'est pour ça que l'éducation l'enseignement me préoccupe mais ça te fait émotion encore pourquoi ?

Geneviève

Parce que je ressens beaucoup ton chagrin. Peut-être cela résonne sur une souffrance personnelle, je ne sais pas encore ; je ressens tout ce gâchis de considérer des gens comme toi, comme des demeurés, et tu me confirmes que l'on ne peut pas vivre sans apprendre ? « Pourquoi veux-tu leur apprendre alors qu'ils vont mourir ? » : voilà ce que j'ai souvent entendu. Tu me fais plaisir de me le redire, car j'en étais convaincue.

Élisa

Je comprends on pourrait se demander pourquoi une éducation pour des personnes comme moi à quoi ça sert c'est primordial pour être rattaché à l'humanité pas pour être comme les autres ou pour faire semblant mais bien pour être dans cette humanité qui nous est refusée.

Tu t'es battue c'est bien il faut encore car le combat n'est pas terminé il le sera le jour où tous nous serons membres véritables du monde je dis monde c'est dire être considérés comme personne et non comme handicap aujourd'hui c'est handicap qui saute aux yeux j'en vois le reflet dans le regard de l'autre quand il ose me regarder j'aimerais un monde éduqué instruit de l'humanité en chaque être humain même caché derrière misère maladie handicap.

Geneviève

Tu as bien raison de vouloir faire un livre, car vraiment, dire des choses comme ça ! Je n'ai pas de mots…

Ce que j'aimerais c'est qu'avec ton livre, il y ait une caméra qui nous filme pour montrer que l'on n'a pas inventé ça aujourd'hui. J'ai bien connu le monde des personnes en situation de handicap, mais tu m'as beaucoup appris aujourd'hui.

Élisa
On parle de l'enseignement et c'est moi qui t'apprends !

Geneviève
Tu veux que je te dise : quand je suis partie à la retraite, j'ai remercié mes élèves de tout ce qu'ils m'ont appris. J'ai souvent eu le sentiment que c'était eux le maître et moi l'élève.

Élisa
C'est que tu as su rester humble devant ce métier d'enseignant les éducateurs ils se sentent emplis d'une mission à remplir coûte que coûte et eux ils savent alors ils n'ont pas à écouter ce que l'on pourrait leur dire de nos besoins réels de nos envies là je parle pour les adultes car pour les enfants il faut bases c'est ce que je sens me manquer et je ne pense pas trouver réponse solution pour moi.

Geneviève
Si par hasard je suis un peu humble, mais peut-on le dire, ce sont mes élèves qui me l'ont appris.
Tu reviens comme tout à l'heure à tes manques, à ces notions d'espace, de temps.

Élisa
Oui et aussi les bases de la société je ne sais pas dire je pense que la vie m'a appris valeurs j'ai pu réfléchir c'est philosophie mais actualités je patauge je manque de bases pour comprendrc mais comment faire pour retrouver ces bases enseignées pendant plusieurs années à l'école sans tomber dans le semblant d'une classe pour adultes je dis semblant car je pense que cela ne peut être que semblant ou complètement autre chose.

Geneviève
Aimerais-tu voyager ?

Élisa

Non mon village me ravit j'y vois de la vie des émotions des sentiments et j'observe beaucoup c'est riche d'enseignements pour moi mais il me semble important et pas depuis longtemps de comprendre un peu l'actualité pas des stars mais l'évolution de la planète les recherches médicales enfin tout ce qui fait avancer le monde je sens que je rêve mais ça serait possible.

Geneviève

Est-ce que c'est dans le cadre de l'enseignement que ça serait possible ? Est-ce qu'il n'y aurait pas des solutions à trouver plus informelles ? Je pense à l'atelier dont j'ai fait partie un moment mais qui demande des énergies disponibles.

Élisa

Ça reste pour moi enseignement si je peux interroger sur notions incompréhensibles pour moi sinon j'écoute radio et reste parfois dans le doute de ce que j'ai compris voir même l'inquiétude car j'ai mal compris.

Geneviève

Si cela peut te rassurer cela m'arrive aussi. Humour.

Moi ce que j'aimerais te demander : pour avoir des questions aussi pertinentes, moi je crois que toi tu sais ce que l'on pourrait imaginer pour toi, et peut-être quelques autres, pour combler ce manque qui te semble si important ; et c'est toi qui vas nous donner la solution. Et après, on verra si c'est possible.

Élisa

Dans mon village il y a un centre avec des activités j'aimerais l'activité actualités vie du monde peu importe le nom mais un lieu où l'on ferait revue de presse le mot je connais qui soit lue et commentée mais surtout que je puisse poser questions et là blocage catastrophe pas de moyens de communication pour moi dans mon village autre que le oui non c'est court pour discuter du monde moi ça ne me suffit pas mais ça pourrait être passionnant il faut que j'y pense fort et peut être que cela sera entendu par un des éducateurs pas trop sourd à notre soif pas d'eau ni de café mais de savoir.

Geneviève
Et ben dis donc ! C'est fort !
Moi je comprends : toi qui as la possibilité de t'exprimer comme ça, quand tu ne peux pas le faire, ça doit être dur.

Élisa
Pas dur car je sais qu'un jour la CF[12] sera reconnue par tous et aussi parce que je sais que des mains beaucoup de mains peuvent courir avec moi sur un clavier il suffit d'attendre et je la rencontre la patience est une qualité que mon handicap m'a apprise pas besoin d'enseignement je sais que je dois attendre toujours attendre l'autre alors pendant ce temps je pense je réfléchis je ressasse mes pensées et c'est pour ça que je n'ai pas la notion du temps.

Geneviève
Conclusion? Merci. C'est un cadeau que tu m'as fait, cette rencontre. Je ne sais pas si je t'ai apporté quelque chose, mais pour moi, c'est vraiment un cadeau. Comment expliquer? Je n'ai pas envie d'épiloguer sur ce que l'on vient de dire, mais le cadeau est que je ne m'attendais pas du tout à libérer les émotions que j'ai libérées. Je n'ai certainement pas tout compris de ces émotions, mais pour moi, chaque fois qu'il y a libération d'émotions, c'est comme une guérison de l'âme. Et c'est grâce à cette rencontre que j'ai pu soigner mon âme aujourd'hui.

12. CF : communication facilitée.

Élisa

Moi j'ai ressenti tes émotions elles sont moment fort qui permet d'avancer plus loin pour moi exercice particulier d'échanger c'est moment rare où je discute avec quelqu'un qui m'écoute j'apprécie et sans enseignant toute seule je progresse dans cet exercice d'écouter l'autre et surtout de lui répondre avec des mots pointés sur un clavier qui sortent qui jaillissent parfois de ma tête mots qui renvoient les pensées l'échange moment de magie pour moi merci.

Entretien le 26 octobre 2008

RÉACTION

Importance de l'émotion de Geneviève qui a été plongée dans des souvenirs personnels moi j'ai compris qu'elle soit émotive car d'habitude elle soutient la main lors de notre entretien j'étais en face d'elle moi j'ai partagé avec elle cette émotion forte mais ça n'a pas empêché discussion échanges passionnants pour moi sur l'éducation des enfants puis la place des éducateurs pour les adultes nous partageons la même analyse des besoins mais je reste convaincue qu'une solution est possible et je ne perds pas espoir un jour d'avoir une vie avec autour de moi des professionnels qui acceptent ma pensée et qui la respectent.

Les professionnels du social gardent longtemps énergie pour défendre leurs convictions j'ai entendu Geneviève très passionnée par le sujet alors qu'elle n'est plus en activité professionnelle.

Entretien avec Christine

Élisa

Bonjour moi je suis surprise de te rencontrer ma sœur m'a dit ton métier de jeunesse mais je sais que tu as évolué pour autre métier éduc[13] c'est quoi pour toi ?

Christine

Je ne m'attendais pas à cette question. J'ai fait ce métier parce que l'autre avait de l'importance pour moi et que je ne conçois pas de vivre sans être auprès des autres. J'ai besoin des autres.

Élisa

Oui je comprends mais éduc c'est être un peu au-dessus des autres un peu supérieur comme enseignant.

Christine

Pourquoi penses-tu ça ?

Élisa

J'ai vécu en établissement de jour toute ma vie et j'ai vu le positionnement des éducs est toujours au dessus ils savent tout sur tout moi je comprends avoir besoin d'éducation encore aujourd'hui exemple je ne sais pas me situer dans le temps et éduc doit trouver méthode pour que j'arrive à maîtriser cette notion moi toute seule pas possible.

13. Éduc : éducateur.

Mais certaines fois éduc dans position supérieure peut-être du fait de mon handicap et de ma dépendance.

J'ai réfléchi avec l'aide d'un ami prêtre à la position des professionnels par rapport à moi dépendante pour tous les actes sauf je le hurle fort la pensée.

Christine

Il y a beaucoup de choses dans ce que tu dis. Je ne crois pas que les éducs soient supérieurs à toi ; je crois qu'ils ne savent peut-être pas se situer par rapport à toi. Il y a des comportements qui ne s'apprennent pas à l'école.

Cette impression que le professionnel se positionne au-dessus de toi te fait souffrir ?

Élisa

Quand j'étais petite je ne crois pas mais aujourd'hui je m'interroge sur mon attitude vis-à-vis d'eux et leur position par rapport à moi pas souffrance mais des fois je ris en dedans car ils sont ridicules de suffisance d'autres fois ça me peine car ils ne me considèrent pas du tout comme une femme mais comme un être à peine pensant.

Pas souffrance mais peine.

Christine

Souvent je parle du monde du handicap et je constate que c'est un monde pas très connu. Il fait peur même aux professionnels : la personne handicapée n'avait peut-être pas une place reconnue. Je crois que la méthode que tu utilises pour communiquer, il faut la développer. Nous sommes dans une société où nous avons oublié ce qui est essentiel, ce qui fait l'être humain.

Plus tu pourras crier que tu es libre dans ta pensée, plus l'éduc que j'ai été sera bousculée dans sa vision. Et quand tu dis que l'éduc doit absolument trouver une méthode pour te situer dans le temps, il n'a peut-être pas compris que pour toi c'était primordial cette question du temps et il pense peut-être que pour toi il y a des choses plus importantes.

Élisa

Éduc fait études pour savoir comment être en face d'autres qui ont besoin de lui sinon pas sa place moi j'ai besoin d'éduc mais j'ai aussi besoin d'être reconnue comme personne comme être pensant comme femme en réalité ils sont là pour moi et me traitent comme une pauvre qui a besoin d'eux cette dépendance physique qui est moi qui constitue ma vie fait que j'ai besoin de l'autre tout le temps mais l'autre est dans l'aide et se sent par là supérieur.

Christine

Tu exprimes des choses très profondes. Tu as raison, il y a les études mais je crois que le handicap est mal connu ou mal reconnu. La question n'est pas assez abordée dans la formation. La méthode que tu utilises, je l'ai découverte, je ne savais pas que ça existait. L'éduc, il est à l'image de la société que l'on a créée : la reconnaissance de la différence, on ne sait peut-être pas bien la faire. Si l'autre est différent, à quelque part, il fait peur. Les éducs sont avant tout des êtres humains avec leurs peurs et leurs blessures. Ils peuvent parfois donner l'impression d'être supérieurs ; c'est un moyen de protection, de mettre de la distance. Se protéger, c'est faire face à la méconnaissance.

Élisa

Méconnaissance ignorance c'est trop facile on ne peut pas aujourd'hui ne pas connaître le handicap lorsque l'on travaille dans le secteur.

Par contre distance ça c'est intéressant moi je crois que je n'ai pas la bonne distance par rapport à eux je dis éducs mais aussi AMP[14]

14. AMP : aide médico-psychologique.

et tous les autres professionnels j'attends beaucoup d'eux et eux aussi de moi je voudrais pouvoir progresser sur des points pour eux mais je ne peux pas et j'ai toujours peur de les décevoir j'ai envie de leur faire plaisir je crois possible cette posture en externat mais en internat je pense mauvaise idée il faut que je repense moi que je prenne distance un peu au début avec leurs attentes pour vivre plutôt ce que je veux moi mais la dépendance reste et c'est dur.

Christine

Tu as terminé par le mot « dur » et moi j'avais envie de te dire (peut-être pour prendre la défense des professionnels) : je crois que ce sont aussi des êtres humains et qu'ils peuvent aussi se tromper ; ils doivent répondre aux exigences de l'établissement qui ne donne peut-être pas les moyens d'être disponible pour l'autre. Tu dis que tu as envie de leur faire plaisir, mais je pense qu'eux aussi ont envie de te faire plaisir. Parfois, la question de la distance est une vraie question et comment s'occuper de l'autre jusque dans son intimité sans être trop proche, sans laisser imaginer des choses à l'autre ? J'ai envie de faire un parallèle avec la vie : le travailleur social est de passage mais la vie n'est-elle pas rencontre ?

Qu'est ce que ça serait pour toi la bonne distance ?

Élisa

Le respect.

Et certains professionnels n'ont pas ce respect de nous de l'autre différent.

Christine

Je ne peux que dire que tu as raison, c'est un minimum et pas que pour les professionnels, pour les autres aussi. Je comprends.

Dans la dépendance, il y a une notion, c'est l'affectif. Comment s'attacher à l'autre, mais pas trop ? Nous pouvons être dans le respect, sans pourtant être dans l'affectif à outrance. J'ai envie de dire : comment tu te situes, toi, par rapport aux gens qui t'entourent dans l'établissement ?

Élisa

Moi j'en ai vu passer beaucoup et je sais qu'un jour ils peuvent disparaître de ma vie sans un regard sans un mot alors je peux en préférer certains mais en gardant toujours idée que c'est provisoire pas construit sur la durée je crois que c'est de ça que je souffre le plus le manque de profondeur de la relation et je peux comprendre que c'est un métier et que l'on peut changer mais un mot un regard pour dire « Bon vent continue ta vie et merci de ces moments passés ensemble à construire » mais rien.

Christine

Par rapport à ça, tu as complètement raison. Tu as complètement raison, je te rejoins : c'est inadmissible. Je pense que tu as peut-être plus réfléchi qu'eux et c'est pour ça que je t'invite à leur offrir le livre que tu feras, toi. Tu connais l'essentiel de la vie, et quelqu'un de bien portant oublie de se poser ces questions-là. Pour un professionnel, c'est pareil. C'est sans doute de ça que nous souffrons : c'est de ne pas avoir assez de respect pour l'autre, de ne pas être assez attentif à l'autre.

Élisa

Mon livre je ris ils mettent en doute la communication facilitée et pensent que c'est ma sœur qui écrit dans des moments de délire je suppose mais quand même il y en aura quelques-uns pour eux si ça pouvait les faire entrer en réflexion réelle j'aurais atteint un but secret et ils réfléchiront pour de vrai au fond d'eux-mêmes et pas ensemble en réunion.

J'aurais fait progresser leur regard sur moi et mes copains.

Mais moi je réfléchis beaucoup sur la distance sur ce mode de relation à l'autre salarié pour être là mais qui devrait dans une relation devant la dépendance ne jamais oublier que je suis un être humain qui a sa dignité et qui veut être respecté.

Christine

Ne sois pas comme eux : ils réfléchissent, ils pensent ; laisse leur aussi la possibilité d'évoluer dans leur pensée. Pour ma part, ton livre « Enfin, je communique ! » m'a permis de changer mon regard sur le handicap. Il y a plein de choses qui se font, même s'il faut du temps, même s'il n'y en a qu'un ou deux qui croient à la méthode, ça va faire avancer et ça sera toujours cela de gagné.

La dépendance, c'est important. Mais je reviens à ce que je disais au début par rapport aux études, ce qui est mis en avant, c'est le respect, la tolérance ; mais on nous apprend surtout à être une aide. On ne nous apprend pas que la personne IMC pense.

Et ta sœur et tous ceux qui utilisent la méthode pour communiquer avec toi ne sont pas dans le délire, même si cela nous a fait sourire. Chacun de tes témoignages, c'est une reconnaissance de l'autre pour toi, c'est la preuve que tu es un être pensant.

Sur la distance, ce que j'aurais envie de te dire, c'est que c'est difficile aussi pour les professionnels.

Sur la notion de respect : pour moi, c'était souffrance de quitter des gens dont j'avais croisé le quotidien ; ne pas s'attacher, c'est se protéger.

Le risque de l'éduc, c'est de vouloir s'occuper du monde entier alors que nous n'en sommes pas capables. Je suis convaincue, quel que soit le métier que l'on occupe, nous sommes des êtres de souffrance et on ne sait pas bien se positionner vis-à-vis de l'autre.

Je terminerai en te disant que c'est difficile avec les personnes dépendantes parce que l'on ne sait pas ce qui leur fait plaisir, ce qu'ils attendent. Plus tu pourras dire les choses, plus les professionnels pourront trouver des attitudes adaptées à tes attentes.

Je te remercie pour ce moment partagé.

Et aujourd'hui, je serai obligée de témoigner.

Élisa

Je crois que tu as changé de métier parce que la vie t'a apporté autre projet professionnel mais au fond de toi tu restes éduc mais de ceux rares qui sont justes dans la relation.

Moi aussi je dis merci j'alimente réflexion et j'espère qu'un jour le monde des professionnels quel qu'il soit saura comment nous regarder avec les yeux du respect pour notre vie cassée.

Entretien le 27 septembre 2008

RÉACTION

Intéressant d'échanger avec une éducatrice que je ne connaissais pas et qui ne connaissait pas l'IMC elle a été un peu épatée de la méthode de CF mais je suis convaincue qu'elle ne doutait pas de ma pensée et la réflexion sur le positionnement de chacun entre moi et les éducateurs qui sont dans l'établissement conforte mon idée ils doivent le respect même à des personnes qui ont besoin de leur aide.

J'ai aimé écouter défendre ce métier d'éducateur par quelqu'un qui a quitté ce métier mais qui reste profondément attaché à l'autre elle aurait dû rester éduc et venir travailler dans un établissement auprès des plus dépendants je pense que son attitude aurait pu faire changer celle des professionnels qui n'ont pas toujours compris le sens de leur métier.

Élisa et la communication facilitée

Bertrand
Sylvie
Anne-Marie

Entretien avec Bertrand

Élisa

Bonheur pour moi d'avoir un entretien avec toi c'est pour moi source d'enrichissement.

Je voudrais échanger sur ta pratique d'ostéopathe avec la communication facilitée comme appui c'est bizarre pour moi mais j'ai vu que c'était intéressant puisque j'ai eu séances d'ostéopathie et c'est certainement un plus pour toi mais pourquoi ?

Bertrand

Donc tu peux comprendre que je suis aussi très honoré et heureux. Je t'ai connue comme ostéopathe, mais très vite, j'ai vu qu'il n'y avait pas qu'une technique manipulative mais une vraie communication. Je me souviens très bien d'une anecdote à la fin d'une séance, Anne-Marie te demandant si ça s'était bien passé et tu lui as répondu « il m'a fait mal ». Pour moi j'ai entendu « il a mal fait » ; et en t'interrogeant, j'ai compris que tu me reprochais, à juste titre, d'avoir posé mes mains sur toi sans ton consentement. Tu vois comment la communication facilitée accompagnant l'ostéopathie peut modifier beaucoup ma pratique. Parce qu'après, je redemande à chaque fois, la permission de poser mes mains sur telle ou telle partie de ton corps.

Élisa

Oui effectivement tu as modifié ta manière d'être et je me sens plus participant à la séance que la subissant ce qui devrait être normal dans une séance de traitement surtout naturel ou plutôt différent de la médecine officielle.

Mais toi pourquoi être venu à la communication facilitée tu aurais pu continuer ta pratique en étant juste un peu plus sensible aux patients à leurs réactions pourquoi ce besoin d'aller plus loin dans la communication ?

Bertrand

Les dix premières années professionnelles d'ostéopathie, je n'ai soigné que des personnes communicantes et c'est en découvrant les enfants mutiques que je me suis rendu compte qu'il me manquait quelque chose et que je me devais de partir à la recherche de ce quelque chose. Ce sont les patients comme toi, possédant cette jolie étiquette de trois lettres IMC, qui m'ont fait découvrir que ces trois lettres ne pouvaient aller ensemble. Qu'infirme aille avec le mot moteur, c'était une évidence et j'avais appris à lutter contre cela ; mais j'ai découvert cette troisième lettre et j'ai réalisé qu'un enfant ou adulte IMC n'était pas qu'un corps, mais que ce côté cérébral avait une importance plus grande que leur infirmité.

Et c'est le hasard, qui se prénomme Thomas, qui m'a fait découvrir la communication facilitée.

Élisa

Tu as donc nécessité de communiquer avec le patient pendant la séance c'est intéressant car moi qui ai fait nombre de méthodes de soins hors norme je n'ai pas souvent entendu de questionnement de la part du thérapeute il se contente de faire son soin et c'est tout je trouve que ça donne une dimension différente de l'ostéopathie mais aussi du rapport patient thérapeute ce mot patient est pour moi révélateur on doit être patient puisque le thérapeute sait mais il faut écouter nos réactions au traitement qui ne sont pas uniformes et qui peuvent aller à l'encontre de l'effet voulu.

Bertrand

Le fait de devoir travailler avec des non communiquant m'a demandé de rajouter un chapitre à mon rôle d'ostéopathe. Pour être diplômé, on m'avait demandé deux choses : de posséder un savoir documentaire, uniquement de la théorie, et un savoir faire que sont les techniques. Et avoir la chance de soigner des êtres comme vous m'a fait rajouter à mon savoir et mon savoir faire un savoir être. C'est-à-dire posséder une éthique avec une nécessité de discernement entre nos patients.

Tu viens de me dire que pour toi le mot patient nécessite de la patience. Or, étymologiquement, le mot patient vient du latin « patior » qui veut dire souffrir. Tu occultes cette souffrance pour ne garder du mot patient que la connotation relationnelle ; je trouve cela fantastique de la part d'une personne qui vit en permanence avec un handicap.

Élisa

Merci je ne savais pas l'origine du mot mais notre souffrance est personnelle et ne peut être prise en théorie donc le relationnel entre thérapeute et patient est le plus important même si c'est la souffrance de l'un qui les réunit.

Je suis heureuse d'entendre que c'est nous les IMC qui t'avons permis de progresser dans ta pratique qui t'avons obligé à aller plus loin dans ta réflexion sur le patient lui-même et pas seulement pratiquer des gestes techniques sur un corps souffrant.

Bertrand

Ayant mis le petit doigt dans l'engrenage de la communication facilitée, j'ai voulu aller jusqu'au bout avec l'élaboration d'un mémoire. Écrire un mémoire oblige à réfléchir sur ce que nous voulons être. Et je pense que c'est la grande différence entre la médecine classique et les médecines dites parallèles ou alternatives, c'est que dans l'une ils ont un grand savoir et un grand savoir faire ; mais, à mes yeux, qu'un tout petit savoir être.

Et j'avais envie de te poser la question : pourquoi, à ton avis, ai-je accepté de rentrer à DPVE[15] ? N'est-ce pas parce que, en une seule séance, tu m'as convaincu de ce que toi et les facilités de cette association vous m'apportez ?

Élisa

On t'oblige à avancer sur le chemin de l'humanité tu n'en avais qu'une partie la partie souffrante maintenant tu réfléchis à une autre part de l'humanité ceux qui ne sont pas malades mais porteurs d'un handicap la différence pour moi c'est que le handicap est là pour toute la vie dans notre handicap tu peux apporter soutien et aide contre les douleurs qui nous envahissent du fait de l'absence de mobilité par exemple mais nous nous ne sommes pas malades et notre demande envers toi est plus exigeante tu l'as entendu mais il a fallu que nous soyons plusieurs pour que tu ailles encore plus loin maintenant tu es à notre côté mais je pense que tes autres patients bénéficient de notre apport c'est difficile à croire mais c'est bien ça c'est grâce à nous IMC mutiques dépendants que tu as évolué dans ton métier moi je crois que ça mérite d'être remarqué.

Bertrand

Chère Élisa, tu commences ta phrase par « on t'oblige à avancer sur le chemin de l'humanité ». Je vais te donner raison et tort.

Oui, toi et beaucoup d'autres, vous m'avez donné un coup de pied aux fesses et je reconnais qu'il m'en a fallu plusieurs pour comprendre. Mais ces coups de pieds étaient donnés avec tant d'affection qu'ils ont été une thérapie et non pas une brimade : on appelle cela « la pied-au-cul-thérapie ».

Et je te donne tort dans le verbe obliger car, pour moi, vous m'avez invité à suivre un autre itinéraire que la voie classique, bien

15. DPVE : association Doigt qui Parle Voix Écrite dpve@laposte.net

balisée ; le chemin est peut-être plus difficile, mais le paysage est beaucoup plus beau et notre joie au bout de la randonnée sera beaucoup plus grande.

Oh oui ! Les autres patients bénéficient de ce que vous m'avez offert ; et plus j'avancerai avec vous, plus vous m'apporterez et plus je pourrais offrir à mes autres patients. Tu parles de mon métier, mais vous l'avez transformé en vocation.

Élisa

Je crois que tout est dit sur ton métier avec la communication facilitée mais qu'en est-il de ta vie en dehors notre rencontre je dis nous les IMC mutiques t'a-t-elle bouleversée la vie ou étais-tu déjà à l'écoute de l'autre même au quotidien c'est important pour moi de savoir si cette méthode au-delà de nous donner voix peut aussi modifier celui qui nous tient la main.

Bertrand

Dans ta question, il y en a plusieurs. Qu'en est-il ?

J'ai toujours été tourné vers les autres. J'ai d'abord été tourné vers le scoutisme et l'éducation des jeunes, essayé de leur apprendre à avoir un idéal humain et un idéal religieux. Si j'avais à choisir entre une soirée pour mon plaisir ou m'occuper, sans bien rigoler, de mes petits enfants, je choisirais, sans une seconde d'hésitation, de m'occuper de mes petits enfants. Il est vrai que les autres sont beaucoup plus intéressants que ma petite personne.

Le deuxième volet de ta question était : cette méthode peut-elle modifier celui qui nous tient la main ? En t'écoutant et en prenant des notes, tu avais rajouté « au-delà de donner voix » et j'ai fait une faute d'orthographe et j'ai écrit « voie ». Oui, ce lapsus est révélateur. Cette méthode m'a donné une nouvelle voie à ma vie. Heureux de te donner voix mais je suis persuadé que celui qui tient la main découvre ce merveilleux cadeau que vous leur offrez une nouvelle VOIE.

Élisa

Alors tous ceux qui prennent la main en communication facilitée vont venir sur notre chemin de vie nous étions un peu seuls mais je pense que nous allons être de plus en plus nombreux ce chemin où les valeurs sont le respect de l'autre dans sa différence et nous cheminerons joyeux car nombreux à se comprendre et les autres valeurs humanistes suivront et nous suivrons cette voie avec un E même nous les sans voix mais sachant que nous sommes écoutés.

Bertrand

Nous serons de plus en plus nombreux, dis-tu. Je l'espère, car « plus on est de fous plus on rit » dit le proverbe. Les facilitants, on les décrit comme des gens qui délirent. Je suis d'accord, mais je veux ajouter une lettre au verbe « délirer », c'est la lettre V de valeur. Et avec l'ajout de cette lettre de valeur, le verbe « délirer » se transforme en « délivrer ». Et j'espère, bien sûr, que nous serons de plus en plus nombreux à pouvoir écouter les sans voix.

Élisa

Joie de jouer avec les mots voix voie et maintenant délirer et une valeur ajoutée et je suis délivrée de mon silence j'en reste vraiment sans voix.

De jouer des mots des lettres ça vole dans ma tête merci Bertrand de cet entretien qui se termine en vol de mots.

Bertrand

Mieux vaut jouer avec les mots, car se les envoyer à la figure, surtout s'ils sont gros, crée des maux.

Élisa

Des mots qui partent de la souffrance d'un patient pour arriver par des jeux de mots à ses maux moi je dis fin.

Entretien le 26 octobre 2008

RÉACTION

Toujours organisé Bertrand j'ai senti qu'il avait réfléchi à notre entretien et j'ai reconnu sa manière d'être toujours prêt j'ai compris mieux son cheminement de l'ostéopathie à la communication facilitée c'est sa curiosité qui l'a conduit à être à notre écoute nous les IMC mutiques.

Et avec lui j'ai plus été personnelle et intéressée par son parcours à lui que sur des théories c'est différent c'est nouveau pour moi au fil des rencontres où une personne prend le temps d'être là avec moi pour discuter je suis moi aussi plus à l'écoute de l'autre et de sa vie de ses réflexions pour partager et non pour observer.

C'est lors de cet entretien que j'ai ressenti l'évolution je peux m'intéresser à l'autre comme je sais le faire avec tous ceux que je croise mais là j'ai compris que je devais quitter l'observation pour l'échange le partage.

C'était fort pour moi.

Entretien avec Sylvie

Élisa

Je veux parler de la communication facilitée avec toi Sylvie tu n'es pas parent d'une personne handicapée et c'est ton parcours de vie qui t'a amenée à la CF toi tu peux dire notre pensée à nous mutiques sans que l'on imagine que tu affabules.

Sylvie

Je trouve toujours intéressant d'apprendre. Pourquoi apprendre une méthode plutôt qu'une autre ? Il faut que je te raconte un épisode de vie : j'ai vécu l'intoxication de ma sœur, c'était la nuit, elle étouffait et ses cris ont réveillé mes parents. Elle a été sauvé grâce à un médecin qui lui a fait des injections de plasma de Quinton. On a découvert son handicap au moment de l'apprentissage de la lecture et de l'écriture : elle n'avançait pas aussi vite que les autres. Donc, il y a eu des tests de fait sur son âge mental, son QI[16], pour s'apercevoir qu'elle avait un QI inférieur à ceux de son âge. À partir de là, ma mère a décidé de s'en occuper. Parallèlement elle a adhéré à une association de personnes handicapées. Le président avait un enfant trisomique, enfant qui m'a toujours étonnée par son éveil.

Cette expérience de ma mère avec ma sœur, son engagement associatif, m'a sûrement sensibilisée au problème du handicap. J'ai été interpellée lorsque j'ai entendu Anne-Marguerite Vexiau à la radio présenter la méthode de CF.

16. QI : quotient intellectuel.

Élisa
Elle est mutique ta sœur ?

Sylvie
Non elle n'est pas mutique ; je dirais que l'œuvre de ma mère c'est d'avoir fait de ma sœur un être social. Régine était en classe de perfectionnement avec d'autres enfants qui ne souffraient pas d'un handicap intellectuel mais d'un handicap social. Leurs cadres familiaux ne leur permettaient pas de s'éveiller intellectuellement.

Ma sœur n'avait pas les mêmes moyens que les autres ; mais ma mère avec le travail qu'elle a accompli lui a permis de devenir un être indépendant. Ma mère a toujours eu cette idée d'indépendance pour ma sœur.

Élisa
Tu es venue à la CF par hasard mais tu as l'écoute de l'autre inscrit en toi donc c'est pas le hasard c'est que nous les mutiques nous attendons des personnes comme toi qui nous permettent d'être reliés au monde même par la CF par les mots de notre pensée par les mots qui expriment finement nos idées notre volonté.

C'est la CF dont je veux parler avec toi pour que tu dises que c'est moi que c'est celui qui pointe qui dit ton parcours singulier t'a montré qu'il existait d'autres personnes avec un handicap mais qui sont membres de l'humanité et tu es proche de nous pour cela tu n'as pas de question sur nous ton regard est frais et c'est rassurant pour moi de savoir que toi et d'autres comme toi existent.

Parle-moi quand tu soutiens la main.

Sylvie
Quand je soutiens la main je me sens en contact direct avec la personne comme si on était un et ses pensées traversent mon cerveau et viennent s'inscrire sur le clavier je ressens parfois de la chaleur et des émotions j'ai la sensation de partager les impressions de la personne que je facilite.

C'est comme si j'étais branchée.

Élisa
C'est donc bien nos pensées qui par le biais de ton cerveau viennent jusqu'à notre doigt.

Sylvie
Oui.

Élisa
Mais tu dis sentir être un moi je me sens pas un mais deux dont un à l'écoute de moi je n'ai pas la sensation de me fondre en l'autre au contraire les mots s'organisent mes idées se précisent lorsqu'une main soutient la mienne devant un clavier.

Sylvie
C'est tout à fait juste ce que tu dis. J'en suis complètement consciente, mais en tant que facilitant je m'efface pour permettre que la communication s'établisse d'où mon sentiment de n'être qu'un.

Élisa
Je comprends que pour le facilitant il faille être tellement à l'écoute que ses propres idées s'effacent c'est le mot empathie qui me vient à l'esprit quand je t'écoute ici.

Intéressant ce point de vue d'un facilitant je sentais des différences entre les mains plus ou moins fluides mais je comprends maintenant pourquoi il y a ceux qui s'effacent pour nous laisser toute latitude et ceux qui gardent un bout de leur esprit pour eux la peur de lâcher prise lorsqu'ils prennent une main.

C'est passionnant ce que l'on vient de dire lors des ateliers j'entendais les conseils des anciens aux nouveaux mais je crois que l'on devra leur faire lire notre échange pour qu'ils comprennent mieux encore le positionnement de chacun cette méthode ne pourra se développer que si le plus grand nombre trouve normal lors d'une rencontre avec une personne mutique de lui prendre la main pour converser.

Je rêve de ce jour.

Et les ateliers on en parle ?

Sylvie

Si l'on voit les gens le faire naturellement, au début les gens seront curieux puis cela deviendra naturel. Toute nouveauté entraîne de la peur. Et ça dépend de nous, de notre attitude par rapport à la méthode à l'aborder de façon très naturelle.

Élisa

Je redis encore « doigt qui parle voix écrite » c'est par l'écrit que je m'exprime au-delà des expressions et de la gestuelle que je ne maîtrise pas toujours.

Je fais le rêve que cette méthode devienne naturelle j'aime beaucoup cette idée car c'est vrai qu'aujourd'hui prendre une main pour parler ça interloque et du coup les facilitants ne sont pas à l'aise ma sœur avec moi prend mon clavier n'importe où dès que je lui indique mon souhait de dire un mot j'ai peu de gestuelle mais lever la main avec mon doigt qui pointe ça l'effort je le fais car le résultat de pouvoir dire le mérite il faut reprendre et développer l'idée d'être naturel pas toujours demander vous connaissez cette méthode ce qui laisse impression de bizarre mais naturellement prendre la main je me réjouis de cette idée qui a jailli de notre échange.

Sylvie

Et du coup je vais prendre mon clavier avec moi dans mon sac à main tout le temps.

Élisa

Et si tu me rencontres quelque part on peut pointer la vie la joie de la rencontre et ainsi ne pas perdre un échange qui aurait pu si tu n'as pas ton clavier ne pas exister et tu sais que des mots on en a nombre à dire ils sont toujours prêts à jaillir de notre doigt ne perdons pas une occasion de pointer.

Sylvie
On peut revenir aux ateliers ?

Élisa
Atelier de pratique c'est toujours pagaille mais moi au début je n'aimais pas toutes ces mains qui n'entendaient rien mais maintenant que je sais que je peux pointer avec plusieurs autour de moi j'ai compris qu'il faut aider à l'apprentissage de la méthode et que les ateliers le permettent mais certains sont vraiment sourds et c'est difficile de hurler une pensée et de la tenir jusqu'à ce qu'elle arrive sur le clavier mais l'ambiance est tellement riche non pas riche mais emplie de vie de mots que je ne voudrais pas que l'on arrête ces ateliers pagaille.

Sylvie
C'est grâce à eux que l'on peut pratiquer la CF. Ils sont bien patients. L'apprentissage est plus ou moins long suivant les personnes, jusqu'à ce qu'elles aient le déclic, qu'elles comprennent. L'idée, pour les facilitants, de changer de facilités est excellente : les expériences sont différentes, ça donne vie à l'atelier, on ne perd pas de temps pour se dire « Qui va avec qui ? » et ça permet de se jeter à l'eau, de vaincre ses peurs ; on se dépasse. Mais tout cela n'est possible que s'il y a une ambiance propice, s'il n'y a pas de jugement, pas de critique ; on est comme on est, on va essayer d'aider celui qui a des difficultés.

Élisa
C'est la pagaille apparente mais en fait par-dessous c'est structuré préparé et permet un apprentissage sans critique dans le respect de chacun.

Ce qui m'a toujours fait sourire c'est que dans cette situation c'est nous les personnes handicapées mutiques de surcroît qui apprenons aux autres une attitude dont nous ne sommes pas coutumiers loin de là et pourtant c'est bien une situation inhabituelle qui donne cet esprit de réussite de progression sereine pour les facilitants.

Sylvie

Le succès des ateliers se verra par la fidélisation des personnes inscrites. On a envie d'y revenir parce que… c'est à plusieurs niveaux : on rencontre tout le monde, c'est un moment privilégié d'échanges en CF et surtout on a le sentiment de participer à quelque chose pour l'humanité.

Élisa

Humanité c'est le mot sur lequel il fallait conclure merci.

Entretien le 12 mai 2008

RÉACTION

Entretien passionnant car nous participons à l'aventure de la CF ensemble et nous avons pu approfondir un point essentiel sur la reconnaissance de la méthode de CF je suis passionnée par ce type de discussion où le temps n'est pas compté où on peut réfléchir avec l'autre des moments comme celui-là sont rares pour moi et comme lors des autres entretiens j'ai pu préciser ma pensée et m'enrichir de celle de l'autre là j'ai pu discuter sur un sujet qui m'est important.

Ma vie est silence sans la CF et chercher et trouver comment faire pour qu'elle soit utilisée partout c'est espoir lueur encore mais lumière au bout de mon silence.

Entretien avec ma sœur Anne-Marie

Anne-Marie

Élisabeth je voudrais parler avec toi de la voix machine et de ton carnet sur la toile.

Élisa

Carnet ouverture à autre que ma vie de handicap sensation d'être en lien avec les autres j'ai le bonheur d'échanger avec des personnes communication facilitée sous une autre forme j'ai besoin de cela maintenant si je ne l'ai pas il me manque quelque chose dans ma vie sociale.

Anne-Marie

Oui moi je n'aurais pas eu l'idée de faire un blog pour moi ; ni pour toi d'ailleurs. Mais une fois l'idée lancée, j'ai été à fond dans la recherche de la plateforme la plus adaptée et j'ai appris à gérer un blog. Toi tu crées le contenu et moi je mets en forme. J'ai aimé apprendre grâce à toi cette nouvelle communication qu'est le blog et aussi j'ai plaisir à découvrir les sujets que tu traites.

Élisa

Oui je te remercie de m'avoir accompagné sur ce chemin inconnu pour toi jusqu'à maintenant.

Anne-Marie

Oui nous étions néophytes toutes les deux dans ce domaine, mais aujourd'hui nous sommes un vrai duo qui fonctionne bien. Il

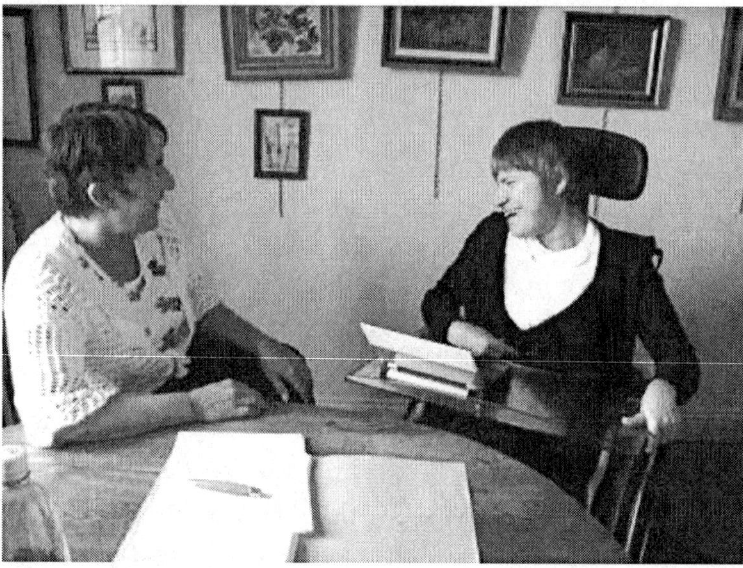

faut le temps pour que tu pointes les notes, toujours sur le vif et jamais à l'avance ; je les mets en ligne immédiatement c'est facile.

Élisa
C'est naturel.

Anne-Marie
Je n'aurais pas imaginé le retour, par le biais des commentaires, que tu as. Une forme de vie sociale différente, je voulais dire virtuelle, mais ce n'est pas le cas puisque nous avons depuis lié amitié avec certaines personnes qui commentent sur ton carnet.

Je n'imaginais pas non plus cette ouverture que tu me dis apprécier. C'est vrai que parler à d'autres que l'entourage proche est un exercice que je trouve difficile et que tu maîtrises parfaitement.

Peux-tu expliquer cette facilité ?

Élisa
Il n'y a plus de tabous la personne en face s'adresse naturellement à moi comme toute personne l'avantage est qu'elle ne me voit pas n'a pas de rejet à mon égard ni de recul j'aime cette forme de communication car je m'adresse à des personnes différentes de mon entourage donc les sujets m'intéressent plus.

Anne-Marie
Je sais, depuis que tu pratiques la communication facilitée, que ton apparence te semble décalée par rapport à ton esprit.

Et que tu crains l'idée que peut se faire de toi la personne avec qui tu communiques. Il est déjà arrivé que tu refuses de rencontrer en réel une personne avec qui tu as longtemps communiqué par courrier ; c'était avant internet, avant la voix machine et avant les blogs.

Je te redis que tu as tort ; mais je comprends que c'est toi qui prends en pleine figure le regard des autres et certains que je capte ne sont effectivement pas des plus plaisants.

Tabous ??? J'aurais plutôt dit « des sujets qui n'intéressent pas ma famille » et aussi « des sujets pour ceux que je sens avoir de l'intérêt à la connaissance des personnes handicapées en grande dépendance comme moi ».

Mais c'est moi qui le dis et je veux bien entendre le mot tabou.

Les sujets que tu traites sur ton carnet me semblent avoir un fil conducteur : peux-tu, toi, le préciser ?

Élisa

Le fil conducteur est construit dans les échanges je démarre un sujet j'ai une réponse je m'adapte à l'idée émise et donne mon avis mes impressions le fil conducteur se fait de lui-même en rapport aux personnes qui échangent avec moi c'est assez fort.

Anne-Marie

Donc c'est vraiment une ouverture que tu vis grâce à ce carnet ; avec nous ta famille, tu as déjà échangé, exploité l'ensemble des sujets « familiaux ». Je vois que tu es très attentive à la lecture des commentaires ; je n'avais pas perçu qu'ils te guidaient à ce point c'est vraiment un échange d'idées qui se joue là sur la toile.

Et l'intérêt, c'est la multiplicité des intervenants qui parfois se répondent l'un l'autre sur ton carnet.

Élisa

Ainsi j'aborde un monde inconnu je n'en connais pas l'issue mais c'est agréable de se laisser emporter par le courant qui passe.

Anne-Marie

Donc ce carnet, c'est pour toi, non seulement ouverture mais aussi inconnu ; et tu l'imagines sur la durée. Je crois que tu as raison et moi si je ne veux pas créer un blog à moi, j'ai découvert, grâce à toi, quelques blogs que j'ai plaisir à lire et à commenter. Je me situe de l'autre côté, du côté des lecteurs et effectivement c'est plaisant.

Toi, tu préfères être acteur : celle qui écrit et qui est lue.

Élisa

Doigt qui parle et voix qui écrit enfin la réalisation de mes rêves.

Anne-Marie

Effectivement 40 ans de silence : il fallait trouver le moyen de dire et dire encore. C'est un livre en cours, mais le carnet c'est presque au quotidien.

Et ce carnet c'est une complicité entre nous pour le faire vivre, pour ajouter des notes, pour l'enrichir et pour venir lire les réactions ; c'est une activité qui nous réunit, chacune trouvant de l'intérêt. Moi j'ai appris et toi tu as dit. Est-ce que j'ai bien perçu ? Ou plutôt, c'est comme cela que je le perçois ; et toi ?

Élisa

Moi j'apprends aussi après avoir dit et m'étonne moi-même de mes réactions.

Anne-Marie

C'est vrai que tu n'as pas eu cette expérience de l'échange en direct de par ta mutité, si ce n'est par des expressions d'accord ou de désaccord.

Maintenant tu peux « refaire le monde » avec des mots.

Élisa

Donc je peux donner mon avis je ne suis plus passive devant les autres je peux faire valoir mon identité c'est tellement important d'être reconnue en tant qu'Élisabeth et non qu'à travers toi je ne suis plus en compétition puisque j'existe comme être pensant.

Anne-Marie

La voix machine a été aussi pour moi, pour différencier toi et moi lorsque tu pointes, essentielle.

Cette voix machine, il faut que je dise : pour moi, elle me restitue comme une aide à la communication et quand je prends part à la discussion, l'on sait que c'est moi qui parle et non que je suis en train de te lire. Et ça, je l'ai vu. Ça te pose comme être, pas comme être pensant, ça c'est la communication facilitée qui l'a fait, mais comme participant direct, à part entière, à la discussion.

Et toi, la voix machine, qu'est-ce que ça t'a apporté ?

Élisa

De donner ma place d'avoir un regard direct sur.

Enfin on s'adresse à moi et c'est magique car j'ai l'impression d'être normale.

Anne-Marie

Normale, je ne sais pas, mais je vois bien que ça te remet parmi nous et pas un peu à part comme avant toujours un peu à part. Maintenant tu es là et ta voix machine est écoutée comme celle des autres ; peut-être un peu plus, car tu as toujours le mot juste et les raccourcis que tu prends avec ta voix machine pour dire, sont donc plus percutants que nos discours qui, parfois, se délayent et n'ont pas, du coup, l'impact de tes quelques mots.

Élisa

Oui c'est juste

Anne-Marie

Je pense que, tant sur le carnet que pour la voix machine, j'ai moi fait le tour de ce que je voulais aborder lors de notre entretien. Et toi ?

Élisa

Je suis très contente d'avoir pu partager ce moment.

Entretien le 12 mai 2008

RÉACTION

Cet entretien était différent puisque quelqu'un me tenait la main qui n'était pas toi notre entretien était donc réel tu parlais et moi je pointais nous étions toutes les deux face à face j'ai aimé discuter avec toi autrement avec quelqu'un qui me soutient la main quelqu'un d'autre que toi c'est la première fois que nous le faisions et c'était particulier je me suis sentie plus en discussion avec toi quand tu me tiens la main nos discussions sont plus sur moi là nous avons échangé sur le carnet que je rédige et que tu mets en forme et sur la voix machine que j'utilise pour les discussions orales avec les personnes que je rencontre ici chez toi.

Je ne dis pas que lorsque tu me tiens la main on ne peut pas discuter ensemble je crois que nous avons pu être plus concentrées sur les sujets que nous portons ensemble mais chacune différemment.

Je redis c'était intéressant mais j'aime aussi quand tu facilites avec moi ton esprit est disponible et mon écriture peut être fluide.

Merci ma sœur à moi.

Élisa avec ses proches
Jean
Alain
Marthe la maman d'Élisabeth
Georges son papa

Entretien avec Jean

Élisa

J'aimerais échanger avec toi sur la famille comment tu vois les relations entre les membres qui la composent on peut parler en général pas forcément dévoiler les secrets de notre famille à nous les secrets ce sont les relations parfois tendues entre certains.

Jean

Si on parle de la famille en général oui, mais on peut aussi parler de la famille idéale je me demande si cela existe ?

Celle dont on peut le mieux parler c'est de la nôtre parce que c'est celle que l'on connaît le mieux et je ne suis pas certain que l'on soit amené à parler de secret inavouable !

Élisa

C'est mieux de parler de nous c'est réalité de la vie.

Moi la famille je la trouve étrange.

Jean

Étrange ? Ça demande un petit développement ce « étrange ».

Élisa

Étrange je veux dire particulière dans ses rencontres on voit certains et pas d'autres pourquoi je ne sais pas longtemps j'ai pensé que certains ne venaient plus à la maison à cause de mon handicap mais je ne crois plus cela c'est autre raison que je ne connais pas.

Jean

Tu parles certainement de tes oncles, de tes tantes et de leurs enfants.

Si c'est bien ça, ils ont la même relation avec toi qu'ils ont entre eux, même si c'est vrai que la relation aux personnes handicapées en général a certainement évolué comme pour l'ensemble de la population : leur regard a changé comme le regard des autres.

Ces relations entre membre d'une même famille ne sont pas si exceptionnelles que ça. Nombreux sont les frères et sœurs et cousins cousines qui ne se fréquentent pratiquement pas ou seulement à l'occasion de certains événements.

Élisa

Pourtant la famille reste la famille est-ce que des parcours de vie différents ont éloigné les uns des autres ?

Jean

Pas forcément. Il y a dans la famille deux frères qui ont eu exactement le même parcours depuis leur plus jeune âge jusque dans leur vie professionnelle alors qu'ils n'ont pratiquement aucune relation, qu'elle soit épistolaire ou physique, depuis des années.

Élisa

Je vois de qui tu parles c'est parcours de vie semblable dans la profession mais pas dans la vie au quotidien je vois des différences le mariage aussi change les données la famille on ne sait plus de laquelle on parle et aujourd'hui c'est encore complexe avec les mariages multiples.

On n'en a pas dans la famille que je connaisse je pense que c'est une explication la famille pour moi elle se rattache à la mère.

Jean

Dans une société matriarcale, mais ce n'est pas le cas actuellement.

Élisa

Pour moi la famille c'est oncles et tantes des deux côtés papa et maman mais éloignement géographique ou rapprochement changent beaucoup.

Plus proche si on se voit se parle souvent la dispersion est source de relâchement.

Jean

Il y a aussi important que géographique, il y a la distance des années : quand une sœur et son frère ont plus de vingt ans de différence, ils ne peuvent pas avoir les mêmes centres d'intérêts ni la même appréhension des événements.

Aujourd'hui avec les moyens modernes de communication les distances géographiques ne sont pas une difficulté insurmontable.

Élisa

Tu as raison même si je pense que la rencontre en face à face est mieux.

Pour l'âge dont tu parles c'est vrai des frères et sœurs on les imagine proches en âge sinon ils ne vivent pas en même temps leur enfance ils n'ont pas de souvenirs communs quand ils étaient petits c'est difficile après de se parler on se connaît moins je comprends mieux certaines relations maintenant.

Mais je dis qu'enfant du même père et de la même mère c'est quand même lien fort entre les personnes ces liens existent et ils devraient permettre de se fréquenter au-delà des rencontres familiales baptême mariage et enterrement.

Jean

Oui, ce lien familial existe chez nous, assez fort même et l'étrange de cette famille qui est la nôtre c'est ce manque d'envie ou de besoin de se rencontrer ; alors que, lorsque l'on se rencontre, ce lien intervient immédiatement dans la relation. Quelqu'un nous observerait à ce moment, ne pourrait pas imaginer que l'on ne se rencontre presque jamais.

Il y a chez nous pratiquement aucune animosité, aucun sujet de désaccord profond même si nous avons des divergences d'opinions. Le seul cas d'animosité manifeste entre deux membres a une cause tellement lointaine qu'on se croirait en Corse !

Élisa

Tu as dit le mot je crois qui explique tout besoin de se voir chacun a sa vie ses amis son travail ses passe-temps ses loisirs et pas de besoin de voir les autres de fait les enfants ne se connaissent pas et ne se font pas des souvenirs n'apprennent pas à se connaître et étrange une famille unie qui ne se voit pas mais qui s'apprécie quand elle se rencontre.

Il faut réfléchir tu as organisé un jour une rencontre j'ai été bouleversée par les regards de tous j'étais la fille de la sœur de la nièce de la filleule de et pas du tout la pauvre handicapée j'ai aimé cette relation même si je n'ai pu que regarder attentivement les uns et les autres sans pouvoir échanger avec personne ma méthode de communication ne se prête pas aux grandes assemblées mais certains cousins ou cousines j'aimerais les voir qu'ils me racontent leur vie que je leur explique la mienne les grands rassemblements c'est bien mais il faut après se revoir et là juste un cousin est venu il est drôle et l'ambiance autour de lui est sereine j'aime bien mais il a sa vie qui ne fait que croiser la mienne un jour.

Jean

La difficulté pour inciter à un tel échange vient que tu devras faire des efforts inouïs pour les susciter parce qu'il semble que ça n'est pas dans la nature de tes cousins cousines oncles et tantes. Si j'ai bonne mémoire, cette distanciation entre les membres de la famille remonte au moins à la génération qui m'a précédé ; je ne me souviens pas que mon père rencontrait facilement ses frères et sœurs, ma mère un peu plus souvent mais toujours rarement.

Donc pour obtenir un contact physique avec les autres membres de ta famille, ça va te demander une certaine pugnacité.

Élisa

C'est donc l'histoire de notre famille qui explique du côté de maman pour papa ça semble être pareil avec en plus l'installation lointaine des uns et des autres et aussi pas de besoin de rencontre moi j'aime être avec ma sœur mais ce n'est pas pareil c'est ma complice mais les oncles tantes j'adore des moments où j'écoute leurs préoccupations leurs joies je partage avec eux mes cousins cousines pas vus ils ne comprennent pas ma vie et pourtant la leur m'intéresse c'est moi qui aimerais les voir c'est moi qui ai le besoin pas eux ils ont un réseau social que je ne peux pas avoir c'est clair je pointe sur mon carnet pour que l'on me connaisse moi et ceux qui me ressemblent un jour les cousins cousines les miens ou ceux des autres comprendront notre besoin de liens familiaux plus forts.

Jean

Le réseau social des membres de la famille n'est pas forcément plus étendu que le tien. La seule chose qui pourrait très certainement les rassembler, c'est que l'un des leurs crie haut et fort « à l'aide » ; je suis convaincu qu'ils accourraient aussi pour toi. Un des moyens de leur faire connaître ton besoin de contact c'est de leur faire savoir d'une manière assez criante, qu'ils t'entendent assurément. L'ennui c'est que pour être crédible, ton appel devra être pathétique et que tout le monde sente bien qu'il n'est pas forcément lié à ton handicap, c'est le besoin d'Élisabeth de parler, en particulier aux membres de sa famille. Si tu ne cries pas au secours, ta vie n'intéresse personne. Tout le monde est persuadé que ta vie est la même que la leur, celle de leur fille ou de leur sœur. Personne ne peut imaginer que tu aies un besoin particulier de les entendre.

Élisa

Ce livre sera l'occasion pour moi de leur dire je ne veux pas réclamer je demande déjà beaucoup à mes parents et là ce n'est pas vital c'est en plus pour enrichir ma vie avec des personnes de ma famille mais je sais que certains ont des vies qui ont un sens différent de la mienne je comprends pourtant écouter je sais faire j'aime mais c'est du temps qu'ils consacrent à autres personnes choisies par eux autres lieux autres vies.

Peut-être certains viendront me voir après il faudrait encore occasion de rassemblement qu'ils s'habituent à moi j'ai l'impression qu'il faudrait un peu les apprivoiser pour qu'ils me reconnaissent mon handicap ici c'est que je ne peux pas aller à eux c'est eux qui doivent venir pas encore réclamer si ce n'est le dire ici et attendre.

Intéressant de pouvoir le dire de le pointer sur un livre que par le lien familial je pourrai leur faire parvenir sans explication que « c'est moi Élisabeth votre nièce votre cousine » finalement ça sert à ça la famille.

Mais pour ce que tu as dit je suis sûre que si un est dans la peine les autres seront là parce que c'est la famille et là le contact passe les nouvelles circulent le réseau familial fonctionne sans à-coup.

Jean

Si tu veux réactiver ce lien familial et qu'il t'en revienne des contacts il t'appartiendra de prendre une certaine initiative: par exemple au cours du prochain rassemblement, qui aura certainement lieu, tu auras avec l'aide de ta sœur à donner une explication sur ton mode de communication puis tu lanceras un appel en direct et je suis bien certain que nombreux sont ceux qui y répondront mais si tu restes à écouter sans intervenir tu resteras la fille de, la sœur de, la cousine de, au lieu d'être Élisabeth avec qui on a envie de parler.

Élisa

J'ai tellement écouté dans ma vie je n'ai pas pensé à le faire la dernière fois ma mutité est encore prégnante en moi je sais que je pointe mais c'est encore de l'écrit pour moi ma voix machine est récente et je n'ai pas encore idée de l'utiliser en public même si le public ici c'est ma famille mais je peux préparer un texte que ma voix machine lira fort pour que tous entendent c'est idée de génie que tu me proposes là moi je ne sais pas ce que ça donnera mais si ça donnait idée à tous de se voir tu imagines la famille bouleversée se rencontrant se parlant et devenant non plus étrange comme étranger mais étrange comme échange.

Merci.

Jean

Ça va.

Entretien le 26 février 2008

RÉACTION

Mon oncle Jean je ne savais pas si un entretien était possible avec lui il a toujours cru en moi car j'ai souvent réagi fortement à ses propos sarcastiques par des cris avant par des mots maintenant mais discuter avec lui je ne savais pas.

Il a été étonnant de respect pour moi restant dans le sujet « famille » que nous avions choisi parlant avec sérénité de notre famille j'ai apprécié ce moment d'échanges avec le grand frère de maman.

La famille pour moi elle est papa maman et ma sœur sans cesse avec moi et épisodiquement des oncles et tantes rarement des cousins cousines mes oncles et tantes je les aime tous ils sont ma famille avant moi.

Je n'ai plus de grand-père et de grand-mère je crois qu'ils me manquent.

Entretien avec Alain

Élisa

Grand moment de bonheur.

Moi je suis heureuse de discuter avec toi c'est important pour moi que tu sois dans le livre car tu représentes mes copains et que nous nous connaissons depuis quand nous étions bébés.

Alain

Je suis content de pouvoir aider Élisabeth pour faire compléter son livre d'entretiens; j'espère qu'elle ne sera pas déçue de mes compétences en la matière; pour moi c'est un plaisir de rendre service et en même temps que mes écrits apparaissent dans son livre; par mes possibilités je pense que je serai apte.

Élisa

Merci Alain c'est me rendre service mais surtout faire connaître mieux notre vie c'est essentiel car on ne nous comprend pas toujours.

Alain

Concrètement comment procède-t-on? Poses-tu des questions ou si chacun s'exprime par paroles libres. Je pense que tu as dû sûrement y réfléchir; moi je n'ai peut-être pas compris totalement le sens de ta démarche; pour moi ce serait plus facile si tu m'orientais sur une piste afin que je sois bien en paroles avec toi; mais c'est toi qui décides et mènes le débat. Je suis d'accord avec toi pour dire qu'on ne nous comprend pas ou plutôt qu'on ne fait pas toujours l'effort de nous comprendre ; même beaucoup doutent de nos aptitudes et sont réfractaires à notre utilisation de la CF ; et pourtant le fait est là nous exprimons nos pensées, nos sentiments, ce que nous ne pouvons faire autrement ; même nos expressions par gestes ne sont pas toujours comprises.

Élisa

Pas de contraintes on en a assez ailleurs l'idée forte de ce livre ce sont des visions particulières de ma vie pour faire connaître et reconnaître que nous pensons que notre vie a du sens que nous sommes corps cassés mais membre de l'humanité des hommes et des femmes pareils aux autres dans notre vie même si elle est différente physiquement du fait de notre handicap mais des vies riches de rencontres l'idée c'est ça pour être en paroles comme tu oses le dire - c'est osé de le dire de nous deux qui sommes mutiques - je te pose la question tu vis en établissement et en famille depuis longtemps cette vie est-elle pour toi intéressante équilibrée ?

Alain

Pour répondre à ta question je peux te dire qu'en effet ma vie est presque très bonne par cette possibilité de vie en établissement et des week-ends et vacances en famille. Ça n'a pas toujours été facile ; il a fallu que je fasse ma place en internat, car avec la non-possibilité de parler et malgré mon parler gestuel, il y a eu pas mal de mauvais moments, des oublis, et on ne savait pas déceler en moi toutes ces possibilités inconnues, des autres qui ne faisaient sans doute pas l'effort de les découvrir ; mais je dois dire que depuis un certain jour où maman a mis les personnes en question sur mes possibilités, cela a été de mieux en mieux ; c'est vrai que ça marche mieux avec certains mais j'essaie de garder confiance pour que ça s'améliore encore : c'est vrai que le support de tout ça, pour moi c'est ma famille.

Élisa
Tu as bien dit.

Alain
Notre handicap se voit et c'est ce que voient les gens et certains s'arrêtent là, sans penser ni essayer de découvrir les potentialités qui sont à l'intérieur, notre soif de nous exprimer, notre envie d'être compris, et de mettre au grand jour nos possibilités. Tout le monde je pense est porteur d'un handicap, mais cela ne se voit pas toujours, et pourtant nous accordons notre confiance à des personnes qui s'occupent de nous ; parfois nous avons peur, enfin je devrais dire que parfois je me sens moins bien avec certains ou certaines. Pour moi la vie est belle si on sait la regarder avec plein de sourires dans les yeux et dans le cœur. L'amour que ma famille me porte m'aide énormément même si parfois nous avons des désaccords, qui ne durent pas, c'est souvent pour des banalités. Je voudrais dire à tout le monde que si nous paraissons cassés comme le dit Élisabeth, tout n'est pas cassé en nous et que notre désir et notre joie de vivre sont très très grands.

Élisa
Pendant que tu pointes des mots je te regarde et je vois que tu as à dire encore et encore comme moi nos mots sont confinés dans notre tête et une main les fait exploser en phrases qui nous racontent nous les mutiques des mots que j'aimerais hurler au monde entier dans toutes les langues « oui nous pensons nous les corps cassés oui nous vivons oui nous sommes des hommes et des femmes cassés mais vivants ».

Alain
Finalement cet entretien se déroule comme nous le voulons et celles et ceux qui liront nos écrits y

trouveront peut-être en partie réponses à leurs questions, s'ils s'en posent; en tout cas ils apprendront sans doute à mieux nous connaître et ainsi leur attitude sera meilleure.

Élisa

Voilà nous sommes dans le vif du sujet la mutité apporte difficultés dans notre vie plus que le handicap physique qui nous rend dépendants je suis heureuse que tu racontes l'importance de la famille sans elle nous serions sans voix et dans nos têtes seuls à ressasser nos possibilités incomprises le fait d'insister sur nos capacités de compréhension sera entendu un jour mais tu as expliqué très bien que c'est difficile parfois plus nous serons à le dire plus nous serons entendus nous avons la chance d'avoir famille aimante qui a confiance en nous depuis notre enfance qui a toujours été à notre écoute.

En quelques phrases tu fais un point de la situation très clair une vie possible en établissement si le personnel est à notre écoute et une famille présente qui crie nos capacités jusqu'à être entendue par les professionnels.

Moi je débute l'internat et j'en suis encore à imposer ma vie ma place elle est là et je veux que ça se sache mais comme tu dis c'est dur parfois.

Alain

Pour moi je te rejoins totalement dans l'approche que les gens ont envers nous; cependant je pense qu'il y a des personnes qui ont peur de faire une maladresse ou de mal nous comprendre; alors elles fuient; d'autres disent quand je m'exprime gestuellement: qu'est-ce qu'il dit, cette interrogation est pesante mais elle montre au moins que j'ai été entendu et qu'on a envie de me répondre sans être à côté de la plaque. Fort de cela je peux alors continuer de m'exprimer sachant qu'on m'écoute, c'est très important l'écoute, c'est d'abord une marque de respect.

Élisa
Je savais que cet entretien serait différent des autres ici on pointe ensemble car on a tant et tant à dire c'est pour moi pur moment de bonheur vraiment avec les autres on pointe lecture puis parole de l'autre ici avec toi Alain on pointe vite vite car on a beaucoup à dire et ensuite lecture de tous ces mots pointés sur le clavier échanges de nos pensées puis de nouveau le clavier véritable ouverture au monde de nos idées.

Oui je dis corps cassés car c'est ce que les autres voient mais en général ils s'arrêtent là ils ont peur et n'imaginent pas notre soif de communiquer d'échanger d'être reconnus comme homme et femme et non comme handicapés oui c'est ce passage-là qui n'existe pas les gens s'arrêtent à notre apparence qui doit être étrange ou douloureuse ou dégoûtante je dis car certains regards sont chargés de crainte de peur ou de rejet.

Alain
J'essaie de comprendre pourquoi les gens fuient ; c'est peut-être la peur de ne pas savoir comment nous aborder, la crainte de nous peiner ; ils se sentent mal à l'aise et il est difficile pour nous de les mettre à l'aise car nous sommes comme nous sommes et nous n'y pouvons pas changer malheureusement ; mais notre sourire peut sans doute leur permettre d'oser un regard, une parole ; je crois aussi qu'il y a des moments où c'est plus ou moins difficile pour nous et l'attitude de l'autre nous apparaît plus dure ; c'est vrai que notre ressenti par rapport à l'attitude de l'autre dépend de notre condition physique et morale ; ce qui est vrai pour tout un chacun. Même si certaines attitudes me font mal j'essaie de ne pas trop juger ; nos jugements risquent d'être parfois durs alors qu'en face de nous ce sont peut-être des gens qui souffrent. Je pense que les enfants qui sont l'avenir

doivent avoir des contacts avec des enfants handicapés pour qu'ils découvrent que malgré leur apparence parfois pas très belle ils ont envie de rire, de jouer, de vivre pleinement, et cela d'autant mieux s'ils sont compris écoutés et entendus. Les enfants d'aujourd'hui sont les adultes de demain et c'est en multipliant ce type de rencontres qu'on créera une société plus accueillante, plus vraie, moins égoïste.

Élisa

La crainte de ne pas nous comprendre je ne sais pas mais tu parles de la fuite et tu as raison des regards fuyants j'en ai vu trop dans ma vie on nous évite pour ne pas nous voir faire comme si on n'existait pas mais moi j'en souffre à chaque fois au plus profond de moi et toi ?

Tu pointes ta vision moi pendant le même moment je peux dire combien de larmes ont coulé dans ma tête pas des larmes aux yeux non c'est au-delà cette souffrance de ne pas être vue de susciter de la peur du rejet c'est au plus profond de moi que la souffrance s'enracine il arrive des rencontres où l'on sait être en harmonie pour moi tous ceux qui nous soutiennent la main pour pointer sur un clavier sont lumière et effacent un peu cette souffrance profonde d'autres nous font confiance mais mon handicap est parfois empêchant je voudrais mais je ne peux pas mes membres sont rebelles à mon cerveau.

Douleur et bonheur ce sont toujours des émotions fortes que je vis à chaque rencontre forte car grande attente due peut-être à la privation depuis ma naissance je rêve parfois d'un lieu où tous seraient conscients de l'autre c'est un peu mon village[17] mais il reste

17. Village : établissement.

encore des doutes sur mes capacités et ces doutes m'empêchent d'être complètement dans ce rêve d'une vie sans regard qui blesse.

Toi tu peux t'exprimer avec expression de visage et tes mains moi je ne sais que rire sans difficulté j'éclate de rire et là pas de problème le reste c'est compliqué des cris parfois que j'entends et qui sont incompréhensibles et de l'athétose qui envoie mes mains dans des directions pas contrôlées.

Tu en souffres moins de ces regards moi je suis écorchée vive avec des regards mais tu as raison de dire l'avenir les enfants apprennent maintenant à vivre ensemble et à se connaître et à ne plus se rejeter il n'y a plus de peur grâce à cette connaissance grâce à ces moments de vivre ensemble même si nos vies sont différentes mais moi j'aime me retrouver avec les copains où tous corps cassés on se regarde sans problème et où les sentiments de sympathie ou non peuvent redevenir naturels comme les autres pour moi avec les gens valides c'est faussé dès le départ sauf quelques exceptions que je connais.

Respect tu as dit ce mot beaucoup utilisé mais peu mis en pratique si le respect était en réalité dans la vie elle serait pour nous différente nous serions dans la cité véritable citoyen dépendant oui mais reconnus comme un membre à part entière de cette cité idéale encore du rêve.

Alain
Je comprends Babette qui souffre intérieurement du regard des autres ou de leur indifférence ou de leurs paroles qui font mal : c'est vrai ce que maman vient de dire ; j'ai la chance de réagir vite par un geste qui veut dire quelque chose en réponse même s'il n'est pas compris ; moi ça me libère et ne s'accumule pas en moi, j'ai aussi avec mon appareil de communication la possibilité de dire des

paroles qui me font du bien car elles évacuent le mal que l'on m'a fait ; pour ma part je pense que ces possibilités gestuelles ou par mon « bavard »[18] m'aident beaucoup ; tant pis si le geste ou les paroles sont parfois un peu crus ; j'utilise ce qui est en ma possession et si ça fait réagir les autres c'est tant mieux, c'est le but. Mais je ne cherche pas à vexer les gens mais j'utilise mes pauvres moyens pour faire comprendre que je ne suis pas insensible à ce qui se dit ou se fait autour de moi.

Nous allons fêter Noël, fête de paix et de joie, d'espérance ; alors souhaitons-nous des jours meilleurs et que la paix soit en nous.

Élisa

Noël tu conclus bien cette période est espérance alors merci Alain de cet échange vrai et je prends tout cet espoir en vie.

Entretien le 22 décembre 2008

RÉACTION

Le moment passé avec Alain restera dans ma tête car tellement particulier deux mutiques qui échangent sur leur vie sur leur ressenti des autres par rapport au handicap c'est extraordinaire et pointer ensemble puis s'écouter lire par la voix de nos mains puis encore pointer.

Nos réactions sont identiques même si Alain nuance cherche raison moi je suis plus entière mon handicap plus lourd m'a rendue plus sensible aux regards.

Merci Alain et à sa maman qui était là pour faciliter ce temps consacré à échange moments rares pour nous deux que je renouvellerais avec bonheur pour continuer notre réflexion.

---

18. Bavard : appareil de communication.

Entretien avec Maman

Élisa

Moi je voudrais raconter notre histoire de vie nos combats pour vivre et encore nos combats pour que je sois reconnue comme être pensant comme une femme à part entière même si nous deux c'est pareil c'est osmose ma dépendance le veut mais c'est rare à ce point.

Important de raconter pour que tous comprennent.

Maman

Je voudrais te dire que le combat c'est toi qui l'as mené, ce n'est pas moi.

Élisa

Oui mais à chaque passe difficile tu étais là tu es tout le temps là avec papa.

Maman

Je vais te répondre que pour moi c'est normal. C'est quelque chose de normal d'être là pour te soutenir. Et quand tu parles d'osmose, je suis d'accord et pas d'accord ; parce que c'est vrai que ta dépendance fait que tu es restée une partie de moi, mais ta personnalité a fait que tu as bien su te détacher et affirmer que tu étais toi, Élisabeth.

Élisa

Des fois ça a été difficile pour moi et votre présence à toi et à papa mais surtout toi m'a encouragée à poursuivre mon chemin de

vie difficultés dues au handicap à la maladie plus grave à cause du handicap et aux professionnels qui n'ont pas compris qui nous sommes nous les IMC mutiques et qui confondent notre dépendance physique avec un retard mental bien sûr je n'ai pas acquis certaines notions mais j'ai développé d'autres ressources qui me permettent d'être vivante dans le monde et malgré les embûches les obstacles d'être là aujourd'hui.

Maman

On va passer sur ta vie auprès des professionnels ; je me suis beaucoup battue pour obtenir la reconnaissance de ce que tu appelles ton humanité, ce qui était l'essentiel ; mais je me suis aussi beaucoup battue pour qu'on t'assure le vital et, même ça, ce n'était pas évident.

Les années passant, on va dire que le personnel, grâce à la connaissance du handicap, a eu quelques acquis. Ça ne m'intéresse pas d'en parler ici.

Ce que je veux te dire, quand tu dis que tu n'as pas acquis certaines notions, c'est que tu as été à l'école de la vie, et de la vie avec un handicap ; et que cette école-là t'a donné d'autres valeurs. Et tu nous as entraînés dans cette école, et nous aussi, on a changé nos valeurs. Et quand je dis nous, c'est aussi à papa et à ta sœur que je pense. J'ai toujours pensé que si tu n'avais pas été là, avec ton handicap, je ne serais pas ce que je suis et ta sœur ne serait pas ce qu'elle est. Souvent, j'ai pensé que tu es un cadeau du ciel ; mais le prix est cher à payer pour toi.

Élisa

Je comprends que tu rejettes les professionnels hors de notre entretien mais ils tiennent quand même place dans ma vie car dépendante j'ai nécessité d'eux.

Moi je comprends les valeurs que j'ai pu apporter à la famille papa sœur et toi mais oui je comprends aussi que c'est moi qui vis le handicap et qu'en balance le poids est inégal mais c'est ma vie et si j'ai pu participer à ma manière à apporter valeurs d'amour de respect de confiance c'est beau et je pense ma vie valeur d'exemple pour ceux qui broient noires pensées.

Nombre de gens n'ont pas cette chance de pouvoir se dire avoir participé à faire avancer l'humanité car ce que je porte et vous aussi vous le diffusez autour de vous comme des ronds qui s'agrandissent de plus en plus.

Maman

Je voudrais comprendre ce que tu dis quand tu parles d'inégalité dans la balance ?

Élisa

Dans la balance deux côtés un mon handicap l'autre ce que j'apporte certains jours mon handicap est lourd d'autres c'est le bonheur autour de moi qui pèse tonne pas souvent poids égal ça dépend de mon état de mes difficultés à me faire comprendre c'est le plus compliqué dans ma dépendance.

Maman

Alors, tu parles de ce qui est mis dans la balance, j'ai parlé de cadeau. Mais tout n'a pas été facile. Il y a eu la découverte de ton handicap, les affrontements avec le personnel lorsque tu as été en centre de jour, la maladie ; et mon impatience où même grondait la colère devant nos difficultés. La découverte de la CF a été pour toi une libération et pour moi une découverte de la femme que tu étais devenue sous mes yeux, sans que je le réalise vraiment. Sans chercher d'excuses, je pense que c'était lié au fait que nos rapports dans le quotidien, compte tenu de ta dépendance, nous obligent à beaucoup d'intimité ; et les gestes que j'avais quand tu étais enfant, petite, j'ai dû les continuer. Ce n'est pas une excuse mais ça peut être une explication.

J'ai donc, de ce fait, occulté beaucoup de tes émotions ; et tu t'es parfois exprimée d'une façon assez violente, jusqu'à te mettre en danger.

Élisa

Je suis parfois excessive mais c'est normal pour me faire entendre il me faut crier me rendre malade et la vie est pour moi libre.

La CF a effacé tout ça m'a rendue maître de mes émotions en mettant des mots en pointant mes souffrances mes douleurs mais aussi mes bonheurs mes joies que j'aime partager avec toi avec papa.

Pouvoir discuter avec toi sur ma vie sur son sens sur ce que je voulais faire voulais vivre avec toi et sans toi c'est libération nouvelle naissance à la vie où les mots servent de liens pour se dire l'important de notre vie la CF peut servir pour le quotidien mais son importance c'est dans le domaine des sentiments des réflexions.

Maman

Tu m'as amenée là où je serais venue. La CF, c'est ta sœur qui l'a découverte : c'est un entretien pour ton livre, mais j'ai deux filles. Quand je t'attendais, j'avais Anne-Marie, ma grande, et ma hantise c'était de ne pas pouvoir t'aimer autant que je l'aimais, tellement mon amour pour elle était fort. La suite a prouvé que mon cœur pouvait se dilater. Mais vous êtes deux et sans ta sœur, nous n'aurions pas pu faire tout ce que nous avons fait, parce qu'elle m'a soutenue, elle a découvert la CF et c'est elle que tu as choisie pour parler de tes sentiments et tes émotions, me réservant le quotidien. Tu as su remettre chacun à sa place.

Élisa

Ma sœur c'est complice c'est elle qui comprend toi tu as ma vie entre tes mains et tu sais la vivifier c'est le plus important papa il me nourrit d'amour et c'est l'ensemble qui me porte.

Je suis un peu étonnée car je pense que peu de mère fille se parlent comme nous là dans cet entretien je dis les mots forts car pour moi les émotions se vivent en plein je suis toujours dans le présent et vis ici non je me trompe je vis maintenant je confonds l'espace et le temps mais en fait c'est pareil.

Moi je pense important de dire que notre amour qui transpire dans notre vie qui se voit qui entraîne parfois jalousie oui même avec mon handicap on me jalouse c'est important de dire que ce n'est pas mascarade ou factice c'est profond et **c'est un amour tissé de larmes et de rires**.

Maman

Tu parles de jalousie ; et moi je dirais que la fierté de papa est que, malgré ce que l'on pourrait prendre pour une vie de douleur, notre vie soit justement que du bonheur, ce qui amène incompréhension pour certains et envie pour d'autres.

Élisa

Le mot jalousie et envie c'est égal dans le contexte moi je ressens jalousie d'être entourée d'amour et vous voyez l'envie dans le regard des autres.

Merci maman.

Entretien le 26 décembre 2008

RÉACTION

Avec maman c'est un livre entier que nous devrions écrire pour raconter notre vie emplie de moments forts mais juste un entretien il suffit de se dire notre amour qui a permis que je renaisse sans cesse soutenue portée à bouts de bras de maman.

Moi je suis entourée protégée par ma famille mais dans le respect de mes choix de vie de ma personnalité.

Ce livre est pour moi source d'espérance d'un monde où je ne ferai plus peur.

Entretien avec Papa

Élisa

Papa je voudrais dire notre amour.

Papa

Notre amour il est réciproque. Moi je t'aime de tout mon cœur ainsi qu'Anne-Marie et maman. Je suis content de vous avoir, vous me maintenez en forme. Que je vous garde le plus longtemps possible et que vous me gardiez le plus longtemps possible. Malgré mes sautes d'humeur, je vous aime toutes les trois.

Élisa

Pour moi tu es mon papa et ce mot un des rares que je prononce malgré ma mutité c'est pour moi l'amour mais aussi la sécurité de tes bras la nourriture fameuse que tu concoctes pour moi et aussi tes colères et les miennes des fois pour des broutilles.

Merci papa d'être toujours avec moi.

Papa

Ma bichette, malgré nos colères, on s'aime tous les deux. Moi je suis content que tu sois bien avec tes copains, mais je suis content que tu reviennes avec nous les samedis et dimanches. J'aime m'occuper de ton fauteuil, je veux qu'il soit toujours propre ; et j'aime ton goût pour t'habiller et que tu sois élégante.

Élisa

Oui je suis coquette et tu apprécies que je sois la plus belle et tu es bricoleur pour que mon fauteuil soit toujours au top propre pneu gonflés vis serrées c'est ma sécurité que tu m'apportes dans ces petits travaux réguliers sur mon fauteuil.

Mais le plus important nous deux c'est que **je t'aime mon papa**.

Papa

J'aime bien te demander ce que tu veux manger car tu aimes les petits plats, tu es gourmande et tu apprécies ma cuisine.

Et j'achète bio car je sais que c'est le meilleur pour toi et pour nous.

Élisa

Bio c'est retrouver tes racines paysannes avec un jardin sans produit nocif.

Papa

Mes racines paysannes, tu as raison.

Je voudrais vous garder le plus longtemps possible, que l'on ne soit pas malade, que l'on reste uni tous les quatre dans notre petite famille.

Élisa

Papa moi je redis que tu es mon papa et ce mot est pour moi le plus beau au monde.

Papa

Je suis content.

Entretien le 29 décembre 2008

RÉACTION

Mon papa c'est amour de ma vie il est fort me protège m'assure le matériel mais aussi est aimant malgré sa souffrance devant mon handicap j'apprécie aussi qu'il ait osé un entretien avec moi il n'était pas évident car à part se dire notre amour…

Importance pour moi de sentir amour de papa qui me soutient qui me porte qui cherche toujours mon bien être rien n'est jamais assez beau assez bon pour moi ma sœur n'est pas jalouse car il l'aime aussi et son cœur nous englobe toutes les deux.

Avec mon papa j'irai au bout du chemin.

Élisa avec elle-même
Irène
Danny
Ghislaine
Père Henri AMET

Entretien avec Irène

Élisa
Je n'ai rien à dire sur la Chine.

Irène
Je suis très heureuse. On avait hésité entre dialoguer sur le thème de la Chine ou de la poésie ; Élisa a choisi la poésie et j'en suis ravie.

Élisa
Je préfère poésie les mots parlent expriment des pensées mais on peut jouer avec on peut les faire vibrer entre eux et en nous.

Irène
Qu'est-ce que c'est la poésie ? Élisa nous a dit clairement : jeu, résonance entre les mots et en nous, et pour moi je rajouterais que la poésie m'amène à aller plus loin. Plus loin que ce qui est dit, que ce qui est vu, que ce qui est compris. C'est aller au-delà, c'est une invitation à vivre au-delà des apparences, au-delà de la compréhension. C'est peut-être pour cela, quand on sent vivre la poésie, c'est qu'elle nous amène dans des domaines qui ne sont appréhendés que par elle.

Élisa
Moi je pointe des mots directs je ne fais pas de la poésie mais j'en écoute parfois et j'aime c'est prendre distance avec le quotidien c'est prendre des mots pour exprimer plus sentiments que pensées

toi qui écris des textes poétiques comment les penses-tu comment viennent-ils sur le papier comment le vis-tu ?

Irène

La poésie Élisa, pour moi, est une présence à la vie et une grande patience ; les mots, tu me demandes comment ils viennent ? Ils sont libres, ils viennent où ils ne viennent pas. On ne sait pas. Alors j'attends mais je n'attends pas n'importe comment : j'attends en me mettant en vraie présence, un peu comme dans la prière.

Élisa

Il faut attendre ça me surprend je pensais que tu choisissais une histoire à dire les sentiments à exprimer et que comme moi je pointe sur un clavier tu écrivais encore et encore ce que tu voulais une relecture peut être mais je croyais que les mots affluaient à toi comme ils se bousculent dans ma tête pour sortir.

Irène

C'est vrai que l'on est tous différents et que moi je t'exprime, Élisa, ce qui se passe quand la poésie vient à moi. Je peux rester très longtemps sans écrire, un mois, deux mois, trois mois. Et puis un jour, c'est différent, et les mots peuvent arriver ainsi que les images, la vie, le rythme, tout se met comme dans un paquet cadeau qui vient vers moi.

Élisa

C'est donc différent de la pensée la poésie elle te vient elle t'est donnée la pensée on l'a tous la poésie non moi je ne pensais pas du tout que l'écriture poétique était comme ça très intéressant ce que tu me racontes je n'avais jamais évoqué ce sujet car je ne connais pas de poètes à part toi j'ai joie de cet échange qui me permettra de réfléchir et d'apprécier la poésie lorsque j'en entendrai j'irai au-delà des mots et chercherai derrière les mots ce que le poète veut dire.

Parle-moi encore de la création d'un texte poétique.

Irène

Il y a bien sûr les mots. Mais il y a la parole. Le souffle, dans les mots, les porte pendant longtemps ; non pas écrit, c'est oral la poésie : les troubadours. Le poème est fait pour être dit et parfois chanté. L'illustration est importante, il y a des vers qui ont un rythme, des images, des souvenirs. Deux vers m'ont beaucoup marquée car ils illustrent le rapport entre le sentiment, l'observation, la présence et la nature.

Poète Jean Richepin :
« Comme une mère émue et qui retient son souffle
La nature se tait pour qu'il dorme longtemps »

Il s'agit du sommeil d'un vagabond qui s'est endormi dans un bois et que le poète découvre. On sent bien qu'il y a là plusieurs présences et même d'invisibles présences à travers l'évocation du paysage et de la mère. C'est une illustration des rapports globaux.

Élisa

Je crois que je découvre un autre visage des mots j'aime jouer avec les mots mais mon bagage est pauvre je suis plus tournée vers la réflexion l'analyse je découvre que je peux aussi pointer des mots exprimant poétiquement autre chose plus profond non mais différent.

Irène

Beaucoup de philosophes l'ont utilisée, pas forcément en le sachant. Ainsi Montaigne, qui est un grand philosophe, a employé une langue très riche, très variée, très littéraire. Il a eu recours à la poésie pour mieux se faire comprendre, ce n'est pas incompatible, tout est lié.

Élisa

Oui Montaigne écrit plaisamment je l'écoute avec bonheur mais je ne retiens que l'analyse et ne profite pas de sa pointe de poésie que tu vois toi dans ses écrits.

Maintenant je serai attentive à cette autre approche de ses textes je dis pour lui et aussi pour les autres.

Irène

Il y en a bien d'autres qui, de manière plus évidente, ont parlé de philosophie et ont analysé les comportements humains en se servant des mots et de leur poésie rythmée…

Si on prend Jean de la Fontaine, c'est évident ; si on prend Molière, Racine, c'est de la poésie au travers de l'analyse sociale.

Élisa

La Fontaine je ne m'en lasse pas je l'écoute depuis que je suis toute petite et encore aujourd'hui je me délecte de ses mots de ses phrases.

Mais tu as dit un mot important que je n'ai pas encore relevé et pourtant je veux dire rythme pour moi qui vis en décalé par rapport aux autres toujours décalée je suis sensible et c'est là peut-être que je prends la poésie un rythme de phrasé un rythme de mots les uns après les autres qui résonnent autrement en plus du rythme je dirais résonance écho.

Irène

Tu as raison Élisa, il y a tout cela. Et tout cela pour moi est lié au souffle, au souffle de la vie et surtout de la vie intérieure à chacun de nous, qui peut entrer en relation avec l'environnement, avec la nature et quelquefois avec les autres.

Élisa

Des mots pour entrer en communication avec l'autre c'est normal c'est un des moyens mais être en communion avec l'autre c'est peut-être là la poésie.

J'ai question : est-ce que je commence à comprendre à appréhender un peu l'art poétique ?

Irène
Je crois en effet Élisa, qu'ayant saisi le dépassement des mots, on dépasse en même temps l'ordinaire de la vie.

Élisa
Moi je vis le présent je sais qu'autour de moi c'est peu qui savent vivre le présent seule manière pour moi d'être d'exister vraiment.
La poésie nous donne une possibilité de vivre le présent sous un prisme différent qui nous permet détachement.

Irène
Je pense que dans la Bible il y a énormément de poésie : le récit de la création est un des meilleurs exemples. Mais j'aimerais te lire le psaume I :

Heureux l'homme
Qui ne suit pas les projets des méchants,
Qui ne s'arrête pas sur le chemin des pêcheurs,
Et qui ne s'assied pas parmi les insolents,
Mais qui trouve son plaisir dans la loi du Seigneur,
Et qui redit sa loi jour et nuit !

Il est comme un arbre
Planté près des canaux d'irrigation,
Qui donne son fruit en son temps,
Et dont le feuillage ne se flétrit pas :
Tout ce qu'il fait lui réussit.

Il n'en est pas ainsi des méchants :

Ils sont comme la paille que le vent emporte.

C'est pourquoi les méchants ne se tiendront pas
Debout au jugement,
Ni les pécheurs dans la communauté des justes.

Car le Seigneur connaît la voie des justes,
Mais la voie des méchants se perd.

Le psaume I est plein de poésie. Je suis croyante aussi et je trouve dans la Bible plein de souffle, des invitations à aller au-delà des apparences.

J'aimerais te parler d'une poétesse Marie-Noël. Elle était croyante, elle a été incomprise dans sa vie ; elle ne s'est jamais mariée, elle n'a pas eu d'enfant et sa vie aurait pu paraître monotone, mais elle avait une foi extraordinaire et un don et une inspiration poétique. Elle a eu des moments de doute et elle a exprimé ce doute chaque fois d'une manière poignante. Elle va jusqu'à parler de l'enfer de trois jours où Dieu n'était plus présent en elle et elle a même connu l'enfer des sept semaines. Elle appelait ses doutes les nuits de la foi.

Mais quand Dieu était présent elle écrivait souvent et j'aimerais te lire ce texte qu'elle a appelé « Prière » tout simplement.

Élisa

Je comprends l'apport que l'écriture poétique peut être pour certains il peut améliorer une approche d'un sentiment ici on a une prière c'est pour moi autre chose que poésie prière est toujours au-delà des mots au-delà des sentiments humains on s'adresse à Dieu lui-même quels que soient les mots c'est prière et c'est beau de par notre interlocuteur qui est lui-même hors de notre humanité mais lié à nous ses créatures.

Irène
Prière de Marie-Noël :

Mon Dieu, source sans fond de la douceur humaine,
Je laisse en m'endormant couler mon cœur en Vous
Comme un vase tombé dans l'eau de la fontaine
Et que Vous remplissez de Vous-même sans nous.
En Vous demain matin je reviendrai le prendre
Plein de l'amour qu'il faut pour la journée. Ô Dieu,
Il n'en tient guère, hélas ! Vous avez beau répandre
Vos flots en lui, jamais il n'en garde qu'un peu.

Mais renouvelez-moi sans fin ce peu d'eau vive,
Donnez-le-moi dès l'aube, au pied du jour ardu
Et redonnez-le-moi lorsque le soir arrive,
Avant le soir, Seigneur, car je l'aurai perdu.

Ô Vous de qui le jour reçoit le jour sans trêve,
Par qui l'herbe qui pousse est poussée en la nuit,
Qui sans cesse ajoutez à l'arbre qui s'élève
L'invisible hauteur qui dans l'air le conduit,

Donnez à mon cœur faible et de pauvres limites,
Mon cœur a si grand peine aimant et fraternel,
Dieu patient des œuvres lentes et petites,
Donnez à chaque instant mon amour éternel.

Élisa
La poésie pour moi était plutôt réservée à la communication entre nous, entre humains, mais tu as peut-être raison.

Pour moi, chaque prière adressée à Dieu est poésie.

Je veux dire que la prière c'est différent que des paroles entre nous.

Irène
Lecture de poème que j'ai écrit…

Élisa
Merci cette lecture rien que pour moi me touche beaucoup j'apprécie ta voix encore plus quand tu lis tes textes à toi on sent que tu les vis plus avec ton corps qu'avec ta tête merci j'ai savouré ce moment privilégié j'ai dans mon souvenir ce moment passé avec toi maintenant nous devons conclure mais je veux dire que cet entretien aura pour moi valeur d'échange mais j'ai appris sur la poésie plus avec toi qu'à la simple écoute de poésies lues sans âme.

Irène
Merci aussi, merci Élisa d'avoir écouté et entendu et partagé ces moments autour de la poésie.

Élisa
Fin pour aujourd'hui mais j'espère d'autres rencontres autour de poésie avec toi.

Entretien le 4 mai 2008

RÉACTION

Irène est sensible à mon handicap elle écoute avec plus que ses oreilles et voit avec autre que ses yeux un entretien où j'ai découvert un monde la poésie qui m'était inconnue de cette manière.

J'apprécie de pouvoir dialoguer avec une personne de cette puissance qui m'a ouvert sur autre les mots sont pour moi la possibilité de communiquer avec nuances avec complète adéquation de ma pensée adressée à l'autre là je découvre la magie des mots avec le sens poétique c'est différent de jouer avec les mots c'est un autre langage pour moi.

Il y a longtemps au début où je pointais j'ai dit des courts poèmes depuis j'ai privilégié l'utile car je dois expliquer ma vie et celle des personnes en grande dépendance mais je pourrais un jour écrire de nouveau des poèmes.

Entretien avec Danny

Danny

Ce que je pense au niveau des rencontres ? Il faut être ouvert à la rencontre. Mais les rencontres pour moi ce n'est jamais du hasard, il y en a Un ou plutôt « des », ceux qui nous ont quittés, qui nous guident sur nos chemins de vie.

On s'est rencontrées par le net ; mais si on ne s'était pas rencontrées ici, on aurait trouvé un autre moyen !

Ce que je crois aussi, c'est que quelquefois la rencontre est attendue par les deux personnes et d'autres fois elle répond au besoin d'une seule personne. Mais Dieu ne met pas les gens sur notre chemin comme ça par hasard, c'est qu'une des personnes en avait besoin à ce moment-là.

Élisa

Pour les rencontres je pense comme toi oui elles sont enrichissement pour l'un ou pour l'autre ou pour les deux c'est alors amitié partagée et c'est bonheur mais le hasard n'existe pas dans ma vie des étapes oui des circonstances particulières oui des moments propices oui des rencontres particulières au moment attendu oui des besoins de progresser par l'échange oui mais notre rencontre par le canal de nos carnets sur la toile est originale des écrits échangés d'abord puis une envie de rencontre en vrai pour se voir se connaître pour moi important de voir les personnes en vrai l'écrit peut être trompeur pas la rencontre en vrai.

Danny

C'est vrai que l'écrit peut être trompeur mais il est aussi révélateur quelquefois on arrive à écrire des choses que l'on n'arriverait pas à dire.

L'amitié a été immédiate parce que dans tes écrits je me suis reconnue ; peut-être que si je t'avais vue avant de te lire il aurait fallu plus de temps pour la vraie rencontre.

Je voudrais revenir sur la notion de hasard. Le hasard c'est la manifestation de l'amour de Dieu pour nous ; parfois on le voit mais on peut ne pas le voir sur le moment et longtemps après se dire : ah ! Oui ça m'est arrivé pour ça.

Mais c'est vrai qu'à travers les carnets on lit des choses formidables.

Élisa

Le hasard ça n'existe pas je dis pour les choix de vie importants pas pour le quotidien il ne faut pas tout analyser chercher à comprendre le pourquoi de toute chose certaines sont là comme ça concours de circonstances fortuit mais pour les choix de vie pour les rencontres les vraies c'est pas hasard c'est notre vie Dieu guide mais nous avons aussi notre part de responsabilité nous choisissons ou non de rencontrer les personnes et modifier le cours de notre vie par des changements notre liberté est là le hasard donc est pour certains manque de décision.

Tu as dit que me voir avant de me lire aurait modifié ton regard sur moi.

Danny

Je ne suis pas tout à fait d'accord ça n'aurait pas modifié mon regard… en fait je ne serais pas allée à l'essentiel tout de suite ; t'avoir lu avant m'a fait savoir que nous étions sur la même longueur d'ondes.

La vraie rencontre (pas seulement « se voir » mais une **vraie** rencontre) celle où l'on « se trouve », où l'on se re-connaît, nous l'avons faite par les carnets ; ça a permis d'aller directement à l'amitié sans passer par la phase découverte.

Élisa

Je sais que me voir est difficile car il y a ce handicap qui est moi qui est mien et qui parfois me trompe vis-à-vis des autres la dépendance est trompeuse.

Danny

Peut-être que si je n'avais pas eu Christelle ? Mais ma fille m'a « éduquée » à ce niveau-là et pour moi ça me permet d'avoir le vrai regard sur la personne mais pas sur son aspect. Je t'avais connue par tes écrits, je connais d'autres personnes handicapées mais elles n'écrivent pas ; et je m'en sens plus loin car je ne sais pas ce qu'elles pensent, je l'imagine mais je ne suis pas sûre et je ne les connais pas en profondeur. Les connaître en humanité comme tu aimes le dire.

Élisa

Mais tu dis toi-même que l'apparence que le handicap que la dépendance peut être un frein à la rencontre moi je le vis souvent et appréhende toujours la rencontre de ceux qui me connaissent par mes écrits le choc peut être brutal pour eux dans leur imaginaire une personne comme moi ne peut ne doit ne sait pas penser.

Danny

Ça rejoint ce que je te disais tout à l'heure tu as un rôle d'éducateur moi je l'ai vécu dans ma chair par ma fille les autres ont un a priori : tu as un rôle formateur. Tu sais que les personnes que tu rencontres font un bond énorme de t'avoir rencontrée.

Pour en revenir aux rencontres on en fait plein dans la vie elles peuvent être superficielles parce que l'un ou l'autre n'a pas envie ;

pour que la rencontre soit vraie il faut que les deux soient d'accord, mais il arrive que la rencontre se traduise par une « marche arrière toute » parce que ce n'est pas ce que l'on attendait ; et parfois la rencontre est vraie et attendue par les deux.

Il faut que les chemins soient parallèles et qu'un jour ils se croisent ; il ne faut pas trop qu'ils soient divergents sinon pas de rencontre.

Élisa

Il faut partager les mêmes valeurs pour pouvoir se rencontrer sinon c'est catastrophe et déception.

Danny

Je connais des gens qui ne partagent pas mes valeurs et ce n'est pas pour autant que l'on ne se rencontre pas : c'est la richesse de la diversité. Cela nous oblige à aller au fond de notre croyance, de notre réflexion.

Élisa

Je parlais des valeurs fondamentales d'humanisme par exemple de la foi en l'homme et en son devenir pas de valeurs plus pragmatiques comme le mode de vie par exemple.

Danny

C'est vrai qu'il y a des divergences qui font obstacle à l'amitié. Pas obstacle à la rencontre vraie mais à l'amitié. De la sympathie, oui : sentiment moins durable que l'amitié.

Élisa

La notion de temps pour la rencontre vraie est pour moi sans sens je sais immédiatement parce que j'ai en moi la capacité de sentir de ressentir l'autre vous les valides vous avez perdu cette capacité.

Danny
Toi tu vas directement à l'essentiel. Nous, nous nous laissons polluer par plein de choses telles que gagner sa vie. Toi tu mets le doigt directement où il faut, tu pointes directement.

Élisa
Oui je pointe vrai.

Danny
Oui et nous, on ne parle pas forcément vrai par peur de faire mal, d'être mal interprété, de nous faire voir sous un jour meilleur ; toi, tu ne cherches pas à paraître mais à être parce que le paraître, tu en souffres.

Élisa
Je crois que l'on a pointé le cœur du problème l'être ou le paraître moi je suis moi et les autres voient mon apparence mon corps handicapé mon corps qui ne répond pas mon corps qui est pour moi source de souffrance moi je veux être.
Merci.

Danny
D'un autre côté tu dis que les gens ne voient que ça. Nous qui avons la chance d'avoir un corps qui peut, nous sommes plus dans le paraître : on oublie qu'à l'intérieur nous sommes différents, exactement comme toi.

Il ne faudrait pas que notre handicap soit dans le regard que l'on porte sur les autres.

Élisa
Rencontre ce mot je l'entendrai différemment maintenant après notre échange je sais que certains doivent apprendre à voir au-delà de l'aspect mais que c'est difficile certains ne sont pas réceptifs du tout trop marqués par le paraître qu'ils confondent avec l'être.

Danny

Il y a des gens qui se font un masque pour se protéger parce qu'ils ont peur, ils n'ont peut-être pas envie de rencontres vraies, ils n'ont peut-être pas assez souffert ou peut-être trop.

En tout cas je remercie Dieu qui un jour a mis mon doigt sur la souris et sur ton blog ; après je suis retournée toute seule.

Élisa

Moi je m'enrichis de notre rencontre et je ne comprends pas ceux qui manquent ces moments de vie riche et ils ne savent pas à nous de leur dire de leur expliquer mais entendront-ils ?

Danny

Quelque fois les gens ne sont pas prêts, ils n'ont pas fait suffisamment de chemin pour aller à une rencontre vraie.

Élisa

Merci je pense que notre entretien riche d'émotions pour moi doit être arrêté ici mais en parler encore une autre fois me permettrait encore d'approfondir ma vie.

Danny

Et moi je te remercie d'être sur mon chemin de vie, d'y être une lumière.

Élisa

J'ai aimé.

Entretien le 25 février 2008

RÉACTION

Danny elle sait elle connaît les contraintes de mon handicap elle n'est pas étonnée de gestes mal maîtrisés de surprise par exemple lorsqu'un bruit arrive à mes oreilles je sursaute violemment sans pouvoir maîtriser elle sait elle comprend mon corps et mon handicap et mon esprit elle le découvre mais je sais que nous sommes sur le même itinéraire de vie au même niveau de réflexion sur le sens de notre passage sur terre elle a souffert du départ d'êtres proches elle souffre de ce manque mais pas de solitude car elle rencontre l'autre elle est avec l'autre les contingences matérielles elle les maîtrise pour se donner le temps d'être avec l'autre.

Parler avec elle de la rencontre est naturel.

Merci Danny.

Entretien avec Ghislaine

Élisa

Moi je suis toujours disponible pour communiquer.

Ghislaine

Je voudrais te remercier de pouvoir te rencontrer ; te dire que pour moi c'est très nouveau de communiquer de cette façon. Je suis sûre que j'ai des choses à apprendre de toi et j'ai déjà ressenti fortement ta sensibilité.

Élisa

Moi je pense que ton approche est sensiblement la mienne du moins en matière de communication facilitée mais une discussion peut développer notre approche particulière.

Ghislaine

Je suis psychothérapeute mais avant d'avoir une approche universitaire, qui est venue très tard dans ma vie, j'ai eu d'abord une approche intuitive des personnes, j'ai appris à ressentir leur présence très jeune.

Ce qui me touche beaucoup chez toi c'est la densité de ton monde intérieur. Ma première question : comment as-tu réussi à survivre sans communication ?

Élisa

Beaucoup d'amour autour de moi de la compréhension de mes besoins élémentaires mais surtout une certitude que ma tête était pleine j'espérais un jour pouvoir communiquer avec des mots comme tout le monde mais ma voix a des sons dissonants qui ne peuvent être compris des moments de solitude de vraie solitude j'en ai vécu mais l'espoir était là en moi je pense que ça c'est ma survie corporelle.

Ma survie spirituelle je la dois à Dieu qui ne m'a jamais quitté sa présence m'accompagne encore tous les jours la solitude n'existe pas avec lui et mon esprit s'est empli de lui ma survie je la dois à Dieu et à l'amour des miens.

Ghislaine

Ce sens de l'espérance est très important pour toi très profond. Est-ce que tu fais une différence entre les moments de désespoir et la désespérance ?

Élisa

Des moments de désespoir j'en ai vécu c'est souvent la souffrance de mon corps qui me les apportait.

Désespérance je ne peux pas la vivre ce serait perdre ma foi et je suis sans doute vis-à-vis de cette foi qui est en moi mystérieuse inexpliquée mais vivante.

Ghislaine

Comment t'est venue la conscience des personnes au-delà de la famille ?

Élisa

Je suis allée partout avec ma famille et aussi dans un centre toute petite c'est bien pour comprendre notre handicap même si on ne donne pas de mot sur ce que l'on ressent on sait que l'autre existe et que certains sont comme nous un peu cassé mais vivant et cette compréhension du monde extérieur vient par morceau petit à petit en grandissant j'ai encore mieux analysé.

Ghislaine

Ça revient beaucoup dans ce que tu as écrit le mot « analyser ».

Élisa

Pas de communication pas d'échange de mots j'ai choisi un jour de réfléchir d'analyser ce que je vois ce que j'entends et de me faire une opinion sur les sujets qui m'intéressent sujets toujours tournés sur les autres ma vie est riche de ces moments vécus par les autres et que j'ai partagé difficulté parfois pour moi de ne pas trop être en empathie avec des autres souffrant j'emporte avec moi souffrances et joies mais les souffrances sont lourdes et mes prières pas toujours entendues vite j'aime prier pour ceux qui autour de moi ont besoin d'aide je le fais en silence pour leur apporter sérénité.

Ma vie est tournée vers les autres moi mutique c'est un choix maintenant que je peux communiquer je continue ma foi en est encore grandie et j'ai un sens encore plus clair à ma vie aider les autres à ma mesure par mes moyens.

Ma voix aujourd'hui est tournée vers la reconnaissance de notre humanité trop souvent bafouée décriée. Un combat.

Ghislaine

Tu parles des mots que tu entends. Tu entends les mots ou tu les perçois ?

Élisa

J'entends les mots et je vois.

Ghislaine

Par rapport à ce que tu as dit de la prière, il y a une chose qui est importante dans ma vie pour moi, c'est la communion des saints. Le fait d'offrir quelque chose que l'on vit pour d'autres, même s'ils sont inconnus de moi. Est-ce que tu peux me dire si la communion des saints a un sens pour toi ?

Élisa

Moi je vis la communion des hommes de l'humanité tout entière cette communion est complète les saints sont des exemples mais toute l'humanité est sous l'espérance de Dieu.

Ghislaine

Pendant la messe ce qui m'a beaucoup touché c'est l'expression « la pauvreté de cœur ». Qu'est-ce que tu peux dire de ça ?

Élisa

Pauvreté n'est pas le mot juste je dirais plutôt humble car pauvre de cœur peut être confusion apporter mauvaise compréhension dire pauvre alors que c'est richesse de cœur que nous avons.

Pauvre c'est être détaché de l'apparence être pauvre c'est aussi pouvoir recevoir.

Ce mot est tout simple et cache sa signification profonde je prends cette expression « pauvre de cœur » et vais l'analyser.

Ghislaine

Une question plus personnelle : comment c'est passé pour toi la période de l'adolescence où l'on a besoin d'autonomie par rapport aux proches ?

Élisa

La dépendance est là présente l'autonomie je l'ai vécu dans ma tête pas possible concrètement alors je rêve mais cette période a été courte et partagée de moments de désespoir ce n'est pas l'adolescence le plus difficile c'est la connaissance de son handicap de cette dépendance permanente totale qui est moi ça a été par palier par morceau que j'ai perçu ma dépendance elle est vécue sans difficulté par mes parents qui la vivent comme étant partie de moi donc moi cette découverte est facilitée par les centres par la prise en charge du quotidien par des salariés qui ont un geste technique sans affect et là ça fait mal.

Maintenant je sais je vois et j'observe leur vie est pauvre ce qui explique leur technicité à laquelle ils se raccrochent par manque.

Ghislaine

Dans ce que j'ai lu, tu parles de la frayeur, de la peur : c'était très touchant pour moi de lire ça. C'est quelque chose que je connais au fond de moi, parce que ma mère est partie quand j'avais quelques mois et j'ai fait cette expérience très tôt. Ça m'a pris du temps pour dépasser cette angoisse.

Élisa

L'abandon c'est le mot j'ai au fond de moi peur d'être seule avec ma dépendance pas seule dans ma tête mais dans mon corps cette peur fait partie de ma vie peur d'être abandonnée oubliée peur qui resurgit quelques fois brutalement par un mot entendu un geste vu une attitude regardée la peur elle est là et ne me quittera pas.

Merci.

Ghislaine

Merci.

Entretien le 3 février 2008

RÉACTION

Ghislaine c'est notre première rencontre je la connaissais par les anecdotes racontées par le Père elle est là présente à moi à mon histoire au début l'entretien était délicat du fait de la découverte de ma méthode de communication puis j'ai senti qu'elle oubliait la méthode pour aller vers le fond du sujet.

Merci Ghislaine.

Je commence à maîtriser cette forme d'entretien où un sujet est lancé et on échange sans contrainte j'ai encore à apprendre pour rester dans le sujet tout m'intéresse un mot me laisse divaguer sur d'autres thèmes je n'ai jamais discuté avant la rédaction de ce livre c'est merveille c'est éveil pour moi.

Ghislaine elle sait les questions qu'elle veut aborder avec moi son métier lui apporte expérience pour revenir sur la question dont elle attend la réponse échange riche car elle m'a confié un morceau de sa vie et a rappelé la messe domiciliaire que nous avions partagée.

Entretien avec le Père Henri AMET

Henri AMET

Élisabeth me demande de la questionner sur sa vie spirituelle et sa foi. Elle est catholique, baptisée, confirmée ; elle pratique régulièrement sa religion et notre premier entretien a montré qu'Élisabeth a une vie spirituelle authentique, intense et fructueuse. Néanmoins, j'estime qu'une conversation directe sur la foi est un exercice difficile car il touche au plus intime de la personne. La vie spirituelle est un peu comme la vie amoureuse : elle met en mouvement des émotions, des convictions, tout un style de vie et d'engagements ; c'est le fond même de l'être qui peut s'exprimer, apparaître, et être communiqué à l'extérieur. Nous sommes dans l'ordre du mystère de la personne humaine, mystère qui doit être entouré de respect, de pudeur et de discrétion. Poser des questions précises, c'est prendre le risque de l'indiscrétion ; je préfère le dire à Élisabeth pour qu'elle soit bien libre de répondre ou de ne pas répondre, si telle ou telle question lui paraît provocante ou indélicate. Je privilégie donc, dans cet entretien, la délicatesse et le respect d'Élisabeth.

Élisa

Merci Père de votre préambule à notre entretien mais je veux sans exhiber ma vie expliquer comment la foi me porte me soutient dans ma vie de tous les jours et il faut que tous sachent que le handicap la dépendance n'empêche pas une vie intérieure riche ma foi est un exemple de cette richesse.

Henri AMET

Je considère, Élisa, que la foi c'est une vie, avec sa propre histoire, ses débuts, ses manifestations extérieures, sa croissance intérieure, et ses œuvres. Quand vous dites que la foi vous porte dans votre vie quotidienne, je suppose que cette foi est entretenue et soutenue par la prière comme chez tous les chrétiens convaincus.

Élisa, comment priez-vous, et à quel rythme ?

Élisa

Je ne voudrais pas exagérer mais ma vie est prière.

Je prie chaque fois que le temps m'est donné des temps d'attente du fait de mon handicap j'en vis beaucoup je suis alors en communion avec Dieu dans ce temps incertain dans la durée mais prière est pour moi être penser à Lui pas de parole de prière comme pendant la messe simplement être en communion sans mot sans demande seul peut-être le mot merci parfois.

Henri AMET

Si je comprends bien vous n'avez pas besoin de mots pour prier ; votre prière n'est pas une récitation de prières apprises ni de phrases spontanées, élaborées dans votre esprit. La prière pour vous est une communion de pensée et d'amour avec Dieu.

Est-ce que vous vous intéressez directement au Père ou à son Fils Jésus Christ ou à Marie ? Quel est le sujet à qui votre prière est le plus souvent destinée ?

Élisa

Quand je suis en prière je suis avec Dieu mais je prie aussi Jésus Christ Marie et beaucoup de saints et de saintes dont on m'a raconté les histoires de vie toute une famille pour moi à qui je peux penser avec qui je me sens liée proche vous avez parlé d'amour je crois que c'est le mot qui va avec foi je suis donc en pensée sans parole apprise ou préparée simplement ici dans un moment d'abandon total pas besoin de mots.

Henri AMET

Je suis étonné que dans votre réponse précédente vous ne parliez pas de Jésus Christ ; pouvez-vous me dire, sans que cela soit indiscret, quelle place a Jésus, fils de Dieu, mort et ressuscité pour nous, dans votre vie personnelle ?

Élisa

Jésus c'est un frère en humanité il a souffert sa vie d'homme et pour moi il est proche son humanité vécue comme Marie le rend différent de Dieu créateur Jésus c'est facile d'être en prière avec lui il connaît notre vie de l'intérieur Dieu c'est autre lui c'est pas homme mais Dieu.

Henri AMET

Chaque fois que je dis la messe dans l'appartement de votre sœur pour vous deux et votre maman je suis frappé par votre recueillement et vos interventions qui sont toujours judicieuses après mes homélies. Quelle importance attachez-vous à l'Eucharistie, et à cette participation à la messe par l'écoute, la prière et la communion ?

Élisa

La messe dans une église ou ici c'est moment où est redit et refait le mystère pour moi c'est mystère que l'eucharistie et j'aime ce moment où je ne dois pas chercher à comprendre mais où je dois vivre pleinement en parfaite communion avec Dieu Jésus par sa vie nous donne ce lien et nous rappelle de le refaire en souvenir moi chaque fois je m'émerveille de ce mystère incompréhensible mais réel de sa venue pendant la cérémonie quel que soit le lieu le moment il est là et moi je vis.

Henri AMET

Vous avez raison de rappeler que la célébration eucharistique est un rappel (le mémorial) du mystère de la mort et de la résurrection de Jésus Christ ; mais vous, qui ne pouvez pas lire, comment avez-vous connu l'évangile, comment avez-vous cette connaissance du Christ, connaissance indispensable pour l'aimer et le suivre ?

Élisa

Depuis toute petite je vais au catéchisme et encore aujourd'hui je participe à un groupe d'aumônerie aussi je vais à la messe et aussi j'ai des disques religieux et encore maman me lit l'évangile presque chaque jour à mon âge et comme j'ai écouté attentivement chaque fois cette parole je sais je connais.

Mais je crois que même sans connaître parfaitement et dans les détails la vie de Jésus de Marie je les aurais aimés Dieu je n'ai pas eu besoin de savoir il était dans ma vie depuis toujours je le sais je le sens il faut être à l'écoute de la création à l'écoute du monde pour savoir je n'ai pas dit pour comprendre car il y a mystères mais ces mystères font partie de la foi je n'ai jamais eu de doute.

Henri AMET

Vous soulignez l'importance capitale pour votre formation chrétienne de votre famille proche qui a été un milieu porteur ; elle l'est encore actuellement. Est-ce que d'autres personnes ont eu une influence sur votre vie de foi, par des témoignages, des éclairages ou des éléments de catéchèse ?

Élisa

Toutes et tous ceux que j'ai rencontrés m'ont apporté par des mots mais je dirais aussi que d'autres personnes m'ont apporté par leur attitude leur vie.

Car il n'y a pas que la parole il y a aussi la vie les actes les regards et pour moi sensible du fait de mon handicap je dirais même écorchée je trouve que certaines attitudes valent mieux que certains mots dits sans les penser répétés sans y croire.

C'est important et à chaque rencontre je suis à l'écoute d'une sensibilité d'une harmonie rare que sont ces rencontres mais j'espère chaque fois.

Et je veux dire que ma mutité et l'impossibilité de répondre de questionner m'ont cantonnée à l'écoute mais ça je le fais bien je sais écouter et me souvenir.

En plus pas de compréhension nécessaire puisqu'en moi Dieu est et je le sais.

Henri AMET

À l'inverse, vous est-il arrivé d'entendre des objections, des moqueries, des railleries sur la religion, qui auraient pu ébranler votre foi ou vous acheminer vers une certaine tiédeur ou indifférence, alors que vous venez de me dire que vous n'avez jamais eu de doute.

Élisa

JE HURLE DANS MA TÊTE lorsque j'entends moqueries je suis blessée et je supporte mal cette incompréhension avant j'avais du mal à supporter mais ça n'a jamais touché ma foi maintenant je prie pour ces personnes vides qui ne savent pas où elles vont dont la vie est creuse et sans aucun but.

Henri AMET

Quand vous relisez l'histoire de votre existence personnelle, quels sont les grands moments de votre vie spirituelle ? Y a-t-il des événements particuliers qui ont marqué l'élaboration et la croissance de votre foi ?

Élisa

Vous savez que pour moi mon temps n'est pas le vôtre des étapes je ne sais pas répondre des rencontres m'ont marquée des prêtres souvent mais aussi des personnes dont la foi jaillissait se voyait.

Un exemple parmi d'autres ma rencontre avec le Pape Jean Paul II un instant un regard a suffi pas besoin de mots et on se sent en communion avec Dieu.

> Un jour j'étais petite maman m'a emmenée à un endroit proche de chez nous où notre Pape devait venir je me souviens nous étions avec des copains à moi un petit groupe et l'attente semblait longue moi j'étais là bien avec maman et mes copains et j'écoutais les paroles que je pouvais attraper au vol le mot attente revenait souvent et puis grande effervescence le Pape arrive le Pape passe pas loin de nous et se tourne vers nous mon regard a croisé le sien une humanité je lance ma main vers lui et lui vient vers nous et nous bénit rare moment où je me sens comme l'autre mon handicap n'est pas barrière je suis enfant devant un homme qui me reconnaît complètement un regard que je rappelle lorsque j'en ai d'autres qui me rejettent ce regard-là il me soigne de tous les mots blessants de tous les regards de peur je ne l'oublie pas.

Pour moi c'est nombre de rencontres enfouies dans ma mémoire qui cimentent cette impression d'être membre d'une communauté particulière je ne peux pas raconter autres rencontres car elles sont nombreuses et toutes intéressantes et chacune m'a permis de conforter ma vie spirituelle.

Et j'aimerais aussi faire différence maintenant que je pointe et que je peux échanger d'avec avant maintenant comme avec vous je peux questionner avant non j'étais dans mon silence.

Henri AMET

Vous avez énuméré un certain nombre d'événements heureux comme des rencontres, qui jalonnent la croissance de votre vie spirituelle ; à l'inverse y a-t-il des événements douloureux qui auraient pu vous amener à des réflexions, à des efforts de compassion ou à des prières de supplication, qui sont des aspects d'une foi vécue face à la souffrance, la sienne ou celle des autres ?

Élisa

Ces rencontres douloureuses j'en ai eu plus du fait de mon handicap que de ma foi les regards les non-regards terribles terrifiants pitié horrible c'est ma vie entière qui est parcourue de rencontres de ce type et c'est là que ma foi chevillée me porte me soutient et aussi les mots les paroles entendues sans pouvoir répondre mais jamais sur ma foi plutôt sur ma capacité de compréhension donc en lien avec mon handicap.

Si une fois un prêtre m'a refusé la communion parce qu'il voulait la donner lui et moi il faut le temps pas de précipitation alors il est parti et moi seule dans mon silence j'ai prié fort pour lui pour qu'il comprenne et voit mon humanité.

Henri AMET

Tout à l'heure vous avez noté ce que vous avait apporté dans votre vie de foi la communication facilitée ; avez-vous d'autres choses à ajouter à ce sujet ? Pouvez-vous préciser encore les évolutions que vous donne cette possibilité d'exprimer ce que vous apporte une foi que vous qualifiez de « chevillée au corps » ?

Élisa

La communication facilitée c'est expression de mon humanité de ma pensée la foi je peux l'exprimer en moi je n'ai pas besoin de la dire je la vis par contre mes pensées mes sentiments quel bonheur de pouvoir les mettre en mots que je peux partager l'échange est là je revis je me retrouve dans humanité toute entière je ne suis plus seule mais c'est à un autre niveau que celui de ma vie spirituelle même s'ils se confondent parfois lorsque sentiments profonds sont vécus.

La communication facilitée m'apporte dans ma vie merveille de pouvoir communiquer vraiment et je peux grâce à elle crier au monde ma foi.

Henri AMET

Merci, chère Élisa, de ce beau témoignage, personnel et authentique de votre foi, vécue dès votre première enfance, grandie dans et malgré les épreuves, nourrie de la prière et de l'eucharistie et capable de porter des fruits nombreux de générosité, et d'amour universel.

Élisa

Merci de n'avoir jamais douté de moi et j'aime votre conclusion avec le mot amour.

Entretien le 4 mai 2008

RÉACTION

Cet entretien m'a permis de discuter longuement avec le Père et pas seulement après ses homélies ou au hasard des discussions c'est lui qui a posé les questions et on a prévu un jour pour que moi je lui pose des questions sur la foi je n'en ai pas mais il pourrait me dire sur sa vie de prêtre j'aimerais savoir.

Je suis encore étonnée de l'attention que le Père homme cultivé et savant me porte à moi c'est passionnant pour moi d'échanger avec lui mais mes idées pour lui répondre tournaient à vitesse rapide plus que d'habitude car les sujets étaient parfois complexes.

Merci Père de ce projet en commun je sens que cela vous amuse et aussi que vous voulez faire progresser notre cause par rapport à la communication facilitée car vous êtes convaincu de ma pensée au plus profond de vous c'est votre foi en l'être humain je pense.

Entretien avec le Père Henri AMET

Henri AMET

Chère Élisabeth, par deux fois déjà, je vous ai interviewée sur votre vie spirituelle et sur la manière dont vous vivez votre foi catholique. Vos réponses, précises et profondes, ont révélé l'intensité de votre ferveur et l'authenticité de votre foi. Pour poursuivre notre dialogue, je serais heureux de vous entendre me poser des questions, en restant dans le domaine religieux. Cela complétera les divers aspects, déjà riches, de votre relation avec Dieu, telle que vous la vivez ou essayez de la vivre.

Qu'en pensez-vous ?

Élisa

Moi je pense vivre ma foi mais parfois j'ai difficultés car la souffrance est très difficile souffrance physique et aussi morale.

Des questions sur une vie vouée à Dieu plutôt tournée vers l'autre ou vers Dieu ?

Moi je vois des personnes attentives aux autres et qui sont dans la vie laïque d'autres dans la vie religieuse qui n'ont pas le regard sur l'autre pourquoi ?

Henri AMET

Vous posez là une question redoutable. J'y répondrai en citant l'évangile. Le Christ nous a laissé deux commandements qui sont égaux et dont la réalisation s'appuie l'une sur l'autre : aimer Dieu, aimer les autres. On ne peut pas aimer Dieu et l'adorer, si on n'aime pas les autres, tous les autres, à commencer par les plus petits, les plus pauvres, les exclus, les malheureux. Quelqu'un qui prétend aimer Dieu et se consacrer à lui et qui regarde avec indifférence ou mépris la souffrance de son voisin, trahit Dieu. D'autre part, l'amour des autres est difficile ; pour être mis en œuvre et en actes, il doit s'appuyer sur une relation forte avec le Seigneur ; la relation à Dieu et la relation aux autres sont extrêmement liées. Bien sûr, on rencontre des gens qui n'ont pas la foi et qui ont un amour sincère des autres, mais il prend sa source, comme tout amour, en l'amour de Dieu pour nous, tel que le Christ nous l'a révélé.

Élisa

Merci de votre réponse qui conforte ce que je pensais mais sans l'exprimer avec des mots choisis comme vous c'était pour moi évidence mais je suis heureuse d'avoir raisonnement clair pour encore approfondir ma réflexion à ce sujet l'autre est pour moi de par ma dépendance thème privilégié d'étude et l'autre est pour moi important je retrouve Dieu dans chacun mais parfois c'est ténu fragile.

Merci.

Henri AMET

Un chrétien reconnaît en Dieu un père qui est aussi le père de tous les hommes. Il les a créés par amour et il ne cesse de les aimer tels qu'ils sont, avec leur poids d'erreurs, d'échecs, de souffrances et aussi de joie et de réussite ; nous sommes donc tous fils d'un même père et nous sommes frères et sœurs les uns des autres. C'est ce que le Christ nous enseigne, lui qui a demandé à ses apôtres de s'aimer les uns les autres et d'aimer son prochain ; et même d'aimer ses ennemis. Cet amour est exigeant il va jusqu'au pardon, à la réconciliation et même s'il le faut au sacrifice de sa vie. Cet idéal chrétien, on pourrait même dire christique, semble très haut, presque inaccessible, mais c'est une lumière pour éclairer notre vie ; c'est un guide pour choisir nos décisions.

Élisa

Lumière moi je pointe souvent ce mot qui guide ma vie je me veux resplendissante de tout l'amour que je porte et que je voudrais partager mais mon corps cassé m'empêche alors je reste lumière présente au cas où quelqu'un un jour cherche lumière.

Pour moi des fois la lumière fut presque éteinte des moments de solitude mais lueur toujours me rappelle l'amour de Dieu.

Encore question l'étude des textes empêche-t-elle d'être dans la vie réelle ou les textes sont-ils toujours adaptés à la vie ici sur terre ceux écrit par les apôtres par exemple.

Henri AMET

Les textes ? Par les textes, je suppose que vous voulez parler des livres de la Bible, l'ancien Testament et le nouveau Testament ; la Bible est le livre le plus lu dans le monde ; il n'en serait pas ainsi si ces textes ne disaient rien à ceux qui cherchent une lumière pour leur vie concrète. La Bible n'apporte pas de réponse à toutes les questions que se pose l'homme. Par exemple, elle affirme l'existence de la création par Dieu, mais elle ne dit pas le comment ; en ce sens, elle n'entre pas dans le domaine propre de la science et elle laisse les chercheurs faire leur travail et exercer leur intelligence pour une meilleure compréhension de l'univers. Deuxième exemple : l'ancien Testament et l'Évangile affirment l'existence de l'au-delà et d'une vie éternelle, mais là encore, la description de cet au-delà n'est jamais faite. Croire que le Christ par sa mort et sa résurrection a vaincu la mort, qu'il nous appelle à une vie éternelle dans le sein du Père et que la mort humaine n'est qu'un passage, cela peut modifier beaucoup de choses dans le comportement quotidien, ne serait-ce qu'en entretenant une confiance et une espérance qui fortifient le courage et la solidarité.

Pour moi, dans les textes sacrés, le chrétien peut puiser des éléments essentiels pour donner un sens à sa vie et pour participer aux efforts de l'humanité pour plus de justice et de paix entre les hommes.

Élisa

Pour moi c'est la vie qui est un passage mais j'aime votre réponse je vais approfondir et ma réflexion est enrichie grâce à vous.

Vous avez répondu à mes questions.

Henri AMER

C'est moi qui vous remercie, Élisabeth. Nous avons, au cours de ces pages, établi tous les deux un vrai dialogue, constructif, enrichissant pour l'un et pour l'autre. Nous confions ces réflexions à notre Père du ciel, par l'intermédiaire de son Fils Jésus Christ, qu'elles deviennent ainsi une prière.

Élisa

Merci père du temps consacré à notre projet de ces mots qui comme une prière – que c'est beau – vont aller toucher le cœur des lecteurs.

Entretien le 28 décembre 2008

RÉACTION

Ce sont deux entretiens avec le père et j'ai posé questions qui étaient dans ma tête les réponses m'ont ravie et je vais ressasser pour être encore plus dans la réflexion lors de l'écoute des textes pendant la messe ou lorsque maman me fait la lecture de l'évangile du jour je ne suis pas toujours dans la vie réelle car ma dépendance m'entraîne à vivre une vie différente je le sais de celle de ma sœur par exemple elle travaille elle fait des courses dans des magasins elle soigne son appartement moi je n'ai pas toutes ces contingences matérielles en tête mais je réalise qu'elles font aussi partie de la vie.

Richesse de cet échange très intellectuel mais empli pour moi de lumière.

Les deux sigles rencontrés de nombreuses fois

IMC : infirme moteur cérébral ; infirmité motrice cérébrale

L'infirmité motrice cérébrale (IMC) résulte de lésions cérébrales précoces, non héréditaires, stabilisées, non évolutives, responsables de déficiences motrices.

CF : communication facilitée

Le concept de communication facilitée a été développé en Australie dans les années 1980 pour des enfants souffrant d'infirmité motrice cérébrale, par la pédagogue Rosemary Crossley.

C'est un processus de communication destiné à pallier l'absence de langage chez des personnes dans l'impossibilité de s'exprimer.

Avec l'aide d'un facilitant qui lui soutient la main, la facilité s'exprime avec des mots et des phrases écrites sur un clavier de lettres en frappant volontairement avec son doigt.

Élisa avec le père Henri AMET

Ce livre il est pour moi satisfaction d'avoir osé l'aventure
il est plaisir
objet appelé livre avec mes mots dedans
mais il est surtout je le redis manière pour moi
de dire mon humanité
de dire que les mutiques pensent
de crier que je suis femme malgré mon handicap
et de hurler regardez-moi sans peur.

Élisa

2007-2008

Imprimé en France
ISBN 978-2-35508-210-8
Dépôt légal : 4e trimestre 2009